SERGIO FELLETI

CIRO' MARINA
GUIDA TURISTICA

STORIA, CULTURA, TRADIZIONI, ARTE, ENOGASTRONOMIA, AMBIENTE, RISORSE, AZIENDE, PERSONAGGI E ... TANTO ALTRO

(TERZA EDIZIONE)

Independently published

Titolo | CIRO' MARINA – GUIDA TURISTICA
Autore | Sergio Felleti
sergiofelleti@gmail.com
www.sergiofelleti.it

ISBN | 9781791658656
Agenzia ISBN: International Standard Book Number - AIE-Ass. Italiana Ed. - EDISER Srl - Milano
© Tutti i diritti riservati all'Autore ® - © Copyright – Worldwide ® 2019

Nessuna parte di questo libro può essere riprodotta senza il preventivo assenso dell'Autore.

Eventuali errori o imprecisioni presenti nell'opera non comportano responsabilità dell'Editore o dell'Autore, che hanno posto la massima cura all'elaborazione dei testi e nella riproduzione dei documenti.

INDICE

INTRODUZIONE

Gentile lettore

Questa pubblicazione è una parte selezionata di un insieme che è il risultato integrale ottenuto da ricerche storiche, culturali e sociali, raccolte con l'obiettivo di far conoscere al mondo turistico *inter &nazionale* la bellezza ed il folclore della nostra terra, con la sua piacevole stagione estiva, con la sua riviera Ionica del caldo sole di Cirò Marina ed il suo produttivo circondario.

La presentazione contenuta in questa rivista, rivela un lembo dell'antica *Magna Grecia*, una ricca porzione della nostra *Italia di libertà*, una zona turistica del sud Mediterraneo, un vasto territorio costiero dove la natura è ancora intatta e lontana da ogni tipo d'inquinamento, come anche le verdi vallate in fiore dell'entroterra, colme d'acqua pura e zampillante, colline di folti boschi naturali, il tutto, industrialmente ancor vergine e quindi tutto ancora da esplorare.

In questa edizione straordinaria, prevalgono i valori dei gioiosi abitanti del circondario cirotano. Viene messa in risalto, tra l'altro, la loro spontanea ospitalità, le usanze, le attività e le loro zelanti opere artistiche, artigianali e commerciali dove prevale ancora oggi una genuina e tradizionale eno-gastronomia casereccia.

Oltre all'orgoglio e la stima espressa per la propria terra, l'Autore rimane sempre neutrale in ogni suo pensiero o giudizio citato, astenendosi da ogni sorta di influenza o favoritismo di alcun genere. In nessun passo e mai, si vuol far riferimento con pareri o giudizi verso fatti reali e –non, rivolti a singole o specifiche persone fisiche o giuridiche, gruppi etnici, società politiche, religiose, organizzazioni, enti statali, governativi, forze dell'ordine o altro.

L'Autore ringrazia in primis l'Amministrazione Comunale di Cirò Marina e anche in particolare le migliori aziende della zona per aver favorito e reso possibile la stampa di questo libro. Ognuno ha cooperato con il fermo proposito di presentare e offrire con grande stima ed onore il seguente repertorio dell'opera ritenendolo valido di essere denominato con il seguente titolo: **"CIRO' MARINA – GUIDA TURISTICA"**.

Possa quindi divenire per ognuno, una composizione di informazioni locali di utilità pratica, un aiuto orientativo per i suoi stessi *abitanti, aziende, ospiti* e *turisti*, usandola come una rassegna informativa, creata con l'intento di contribuire a favore della struttura sociale e dell'incremento turistico e commerciale, e per il prezioso benessere del nostro *"Paese del mar pulito"* e della nostra verdeggiante *"Riviera del buon vino"*.

Vi auguro una piacevole lettura, certo che sarà colma di varie novità e meravigliose informazioni su ciò che di meglio ha da offrire questa fantastica cittadina balneare.

Sergio Felleti

BENVENUTI

Noi di Cirò Marina, diamo il benvenuto a tutti i nostri ospiti che quest'anno hanno scelto il nostro mare per le loro vacanze sotto il sole italiano. Diamo anche un caloroso benvenuto a tutti coloro che già degustano i nostri prodotti eno-gastronomici ed a tutti coloro che già usufruiscono della nostra produttività e creatività commerciale, della cultura biologica ed ecologica. Un benvenuto lo diamo anche a chi è di passaggio per poco tempo ed anche a chi transita lungo la nostra superstrada.

Un sorriso di benvenuto ve lo danno le caratteristiche e distinte calabreselle locali ed in particolare la nostra miss Italia, la cirotana premiata ed incoronata regina nel 1997 per la sua insuperabile bellezza e graziosa personalità di "donna modello italiano" tipica del nostro mondo Mediterraneo.

Anche l'energica squadra di calcio "Cirò Krimisa", insieme all'esercito dei nostri giovani, Vi accolgono, fanciulli ed adolescenti cirotani della nuova generazione, che rispecchiano l'unione anatomica della mitica struttura fisica Greco/Latina originaria dei remoti secoli a.C.

Dall'alba di tre millenni di storia dall'antica Grecia, da quando la moderna Cirò al mare fu battezzata originalmente con il nome di Krìmisa, né la storia, né il tempo passato e neanche quello moderno hanno potuto cancellare o diminuire la bellezza fiorente dei folti colli cirotani.

Esalta l'azzurra trasparenza brillantina del diamantino mar Ionico "il pulito", ricco di numerosi pesci, molluschi e flora tropicale, col la sua superficie azzurra, sventolante come una cornice d'oro al sole, che accarezza con le sue onde azzurrine la dorata e calda linda sabbia delle sue imponenti spiagge, lunghe otto chilometri e più e di cui larghezza minima varia di 40 a 100 metri ed oltre.

Un mare limpido come anche quello di Torretta di Crucoli, premiato praticamente ogni anno per la sua purezza e trasparenza. Per questo prestigioso riconoscimento, questa zona marina ottiene regolarmente dalla direzione tecnico ambientale della Commissione C.E.E. la "Bandiera blu", merito ufficiale conferito dalla giuria internazionale della F.E.E.E. (*Fontation for Environ Mental Education in Europe*) e dal Ministero della Sanità Italiana.

Il paesaggio che circonda Cirò viene abbracciato da una verdeggiante veste d'erba, ricoperta con innumerevoli diversità di fiori esotici e colorati, ricca di ordinati e puliti alberi forestali, di uliveti grezzi dal tronco grosso: i centenari, dal fico anche quello d'India, ed è circondato per oltre 2000 ettari dai preziosi floridi e dai caratteristici vigneti del vitigno "Gaglioppo", con la sua nobile uva greca, da cui deriva uno dei più famosi vini del "dio Bacco", l'antico re del vino.

Qui nasce il Cirò, il robusto "Cirò classico" D.O.C. con il suo caratteristico ed inimitabile bouquet, il vincente, che tradizionalmente, già da millenni e ancor oggi, viene offerto in dono ai soli atleti vincitori dell'Olimpo, l'Olimpia delle olimpiadi mondiali di tutti i tempi.

Gli Imperatori romani ed i nobili del Plebo chiamarono il vino di Cirò il "risanatore di ferite" ed il "gran rimedio per il cuore affaticato", "l'elisir naturale" per una vita più lunga, più piacevole e più sana, questa potrebbe essere la medicina, che tutt'oggi provoca statisticamente in questa zona d'Italia un'alta longevità.

La costa marina di Cirò viene affiancata da circa 34 ettari di pineta forestale sempre-verde che abbraccia il faro nella curva degli antichi pescatori di Punta Alice, lungo il margine dei resti e delle ormai quasi inesistenti rovine dell'antico tempio greco di Apollo Aleo (*Alaios*).

La lunga e calda estate nel paese del sole di Cirò Marina, fa sì che la folla ospitata dai cirotani, duplica la quantità della stessa popolazione residente, così da divenire una delle zone estive più affollate della costa Ionica.

Una Cirò accogliente ed ospitale anche sul mare con il suo vasto porto turistico-peschereccio (*tecnicamente di classe* Il turismo locale, crescente, che con il piacevole clima esotico della nostra "Riviera dell'uva, fa ritornare l'uomo nel suo habitat originale, nella verde e fiorente vegetazione di madre-natura, pura e lontana da ogni tipo di inquinamento.

Ed è collettivamente, che i singoli cirotani, con il sudore del travaglio e dell'inventività laboriosa, cooperano come un "tutti per uno" al rafforzamento di questa prosperante economia, che quasi, ed in alcuni casi, sembrante come autonoma.

Nell'insieme, quindi anche questa estate, noi di Cirò Marina e dintorni, diamo un caloroso, ma anche rinfrescante benvenuto, a tutti coloro che visiteranno il nostro "Paese del sole", l'ospitante Cirò Marina, l'oasi turistica che abbraccia ogni suo ospite.

WELCOME

ll of us from Cirò Marina welcome those who have chosen our seaside resort as the ideal place for your "subtropical" Italia vacation. We also extend a warm welcome to all of you who enjoy our wine and gastronomical products, a result of biological cultivation.

A welcome smile also comes the typical local Calabrian girls, and, in particular, from our Miss Italy, a local Cirò Marina girl crowned in 1997 for her unrivalled beauty, typical of our mediterranean world.

Our energetic soccer team, "Cirò Krimisa", also welcomes you as do all our young people, many of which exemplify the mythical Greek/Italian physique.

Since the times when our modern Cirò at the sea was originally baptized with the name Krimisia, time has not cancelled the blooming beauty of it hillsides and inhabitants.

Just as it was then, the sea is clear blue and rich with fish, and shellfish. Its brilliant surface caresses the hot, golden sand of its impressive beaches, which are more than 8 km. Long and up to 100 meters wide.

Our waters, along with those of Torretta di Crucoli, are regularly awarded the "blue flag" from the environmental technical direction of the E.C. Commission for their clearness and cleanliness, an official recognition given by the Foundation for Environmental Education in Europe and the Ministry

of Health. Cirò Marina is embraced by a landscape of greenery which is dotted with numerous colored flowers, trees, ancient olive groves and fig trees (even: fico dindia).

The characteristic "Gaglioppo" vineyards, the noble Greek vines from which the robust "Cirò classico" and its inimitable bouquet comes, extend for more than 2000 hectares. tradition says that this wine has been offered to olympic athletes for thousands of years.

The roman emperors considered the wine of Cirò to be a natural elisir for a long and enjoyable life perhaps this is the "medicine that contributes today towards the longevity found in this part of Italy.

The coastline of Cirò is bordered by 34 hectares of pine forests, which embraces the lightouse towards Punta Alice, near the ruins of the antique Greek Temple of Apollo Aleo (*Alaios*).

INFORMAZIONI VARIE SULLA CITTA'

Stato: Italia
Regione: Calabria
Provincia: Crotone
Data di istituzione del Comune: 1952
Coordinate: 39° 22'0"N17°7'0"E
Altitudine: 5m s.l.m.
Superficie: 41km²
Abitanti: 15.083 (31-03-2013)
Densità: 367,88 per abitante/km²
Comuni confinanti: Cirò e Melissa
Codice Postale: 88811
Prefisso: 0962

Fuso orario: UTC+1
Codice ISTAT: 101008
Cod. catastale: C726
Targa: KR
Cl. sismica: zona 2 (sismicità media
Cl. climatica: zona B, 845GG
Nome abitanti: Marinoti (o Ciromarinesi)
Patrono: San Cataldo (vescovo)
Giorno festivo: 10 maggio
Annualmente Cirò Marina ha ottenuto la "Bandiera Blu", consecutivamente dal 2001 ad oggi.

Vista sul Porto di Cirò Marina

<h1 style="text-align:center">SEDE DEL COMUNE DI CIRO' MARINA</h1>

Piazza Kennedy, Cirò Marina - 88811 (KR) - Tel. 0962/35121 Fax 0962/31266
Link del Comune: http://www.comune.ciromarina.kr.it/ - https://comune.info/comune-ciro-marina/
Indirizzo Email: segreteria@comune.ciromarina.kr.it
Assessorato al Turismo - Informazioni turistiche: turismo@comune.ciromarina.kr.it
http://www.ciromarinaturismo.it/cantine-ed-enoteche/
ProLoco: Piazza Diaz, 17 (centro) Tel/Fax. 0962370730
http://www.prolocociromarina.it/ - prolocociromarina@unplicalabria.it

SANITÀ
Farmacia Librandi Francesco: Via Roma, 73 - Cirò Marina Tel. 0962.31143
Farmacia Malena Francesco: Via Roma, 13 - Cirò Marina Tel. 0962.31126
Farmacia Comunale: Via Scalaretto, 6 - Cirò Marina Tel. 0962.371177
Farmacia San Cataldo: Piazza L. Siciliani (Cirò) Tel. 0962.32132
A.S.L. n.5 - Via Togliatti, Tel. 0962.372111
A.S.L. Uffici - Via Roma, Tel. 0962/35498
Casa di Cura S. Rita - Via Roma, Tel. 0962.31078-371242 Fax. 31110
C.R.I. Volontari del Soccorso - Via Togliatti, Tel. 0962.370068
Emergenza Sanitaria – Ambulanza (Pronto Intervento: 118)
Guardia Medica- Via Togliatti, Tel. 0962.35196 / 372207

FORZE DELL'ORDINE
Carabinieri: Via Aldo Moro (Trav. Via Togliatti) Tel. 0962. 31068 - 31216 (Centrale: 112)
Guardia di Finanza: Via Pola - Tel. 0962/31074 (Centrale: 117)
Polizia di Stato: Via Pastificio (Crotone) Tel. 0962.21260-21512 (Centrale: 113)
Polizia Stradale: Via Cutro, 396 (Crotone) Tel. 0962.20256-20517 (Centrale: 113)
Polizia Ferroviaria: Stazione FFSS (Crotone) Tel. 0962/21259
Polizia Municipale: Piazza Kennedy - Tel. 0962.375119 - 0962.35121
Vigili del Fuoco: Via Sotto Palazzo - Tel. 0962/31208 (Centrale: 115)
Emergenza ambientale - Corpo forestale dello Stato: (Centrale: 1515)
Guardia Costiera - Area Portuale: Tel. 0962.36328 (Centrale: 1530)
Emergenze in mare: Radio VHF Canale 16 (Centrale: 1530)
Viaggiare informati – CCISS (Centrale: 1518)

GIUSTIZIA
Pretura: Sez. distaccata di Strongoli - Tel.0962/81087 81772
Tribunale: Via V. Veneto (Crotone) Tel. 0962/21132-23030
Giudice Di Pace: Corso Lilio (Presso il Municipio - Via San Leonardo) - 88813 (Cirò - KR)
Tel. 0962 32265
Uffici Giudiziari – Pretore: (Presso il Municipio) Via San Leonardo) - 88813 (Cirò KR) Tel. 0962 32261

CLIMA: Classificazione climatica: zona C, 845 GG. Periodo di accensione degli impianti termici: dal 1°
dicembre al 31 marzo (8 ore giornaliere), salvo ampliamenti disposti dal Sindaco.

Cirò Marina è il secondo comune più densamente popolato della provincia. Fino al 1952 ha fatto parte del comune di Cirò. Grazie alla bellezza e la ricchezza del mare è divenuto negli ultimi anni una meta turistica rinomata.

Il paese è noto per gli ottimi vigneti composti dal vitigno Gaglioppo da dove si ricava il Cirò DOC e per le Clementine di Calabria, prodotto IGP. Cirò Marina è "Città del Vino" dal 2000.

Hotel Costa Elisabeth - Torretta di Crucoli - SS 106

Hotel il Gabbiano- Cirò Marina

CHIESE, MONUMENTI E ARCHITETTURE

Chiesa di San Cataldo

Situata in Piazza Armando Diaz, nella piazza principale di Cirò Marina, è dedicata al santo patrono del paese, che fu anche vescovo di Taranto. Il manufatto, che nel 2001 ha celebrato il primo centenario dell'erezione canonica, è di costruzione recente ed è collocato nell'area dove si formò il primo sito abitato della cittadina, noto come Baracca.

L'attuale edificio sacro fu costruito nel 1903 per poi essere ingrandito nel 1950. L'interno trinavato è scandito da due arcate. La navata centrale è affrescata con immagini sacre e presenta un soffitto a capriate in legno.

La zona absidale semicircolare, anch'essa con dipinti su sfondo oro, racchiude l'altare maggiore a muro in marmi policromi con al centro la statua della Vergine con il bambino.

Una delle cappelle laterali è dedicata a San Cataldo. Una particolare attenzione meritano sia il portale di bronzo, che celebra la storia locale della cittadina, realizzato nel dicembre del 2002 dallo scultore locale Elio Malena, sia i mosaici che impreziosiscono le pareti interne della chiesa.

Nel 2012 l'altare si è impreziosito di dieci candelabri in ottone grazie alla donazione di una devota.

Chiesa di San Cataldo

L'interno della Chiesa di San Cataldo

Chiesa di San Nicodemo Abate

Di impianto moderno è la chiesa di San Nicodemo abate, situata in Piazza Kennedy, per la cui progettazione ci si è ispirati alla tenda ebraica, a simboleggiare che la Chiesa è in continuo cammino. L'interno a unica navata con zona absidale asimmetrica presenta, al centro, la mensa eucaristica in marmo.

Il crocifisso centrale è stato spostato sulla destra dopo l'aggiunta nel 2011 di un mosaico dell'Ultima Cena. Lungo le pareti dell'aula liturgica sono affisse le riproduzioni delle dodici stazioni della Via Crucis.

Chiesa di San Antonio

È stata costruita nel 1999 ed è in stile moderno. L'edificio, che ricorda la forma di una pagoda, ha la copertura in legno e ampie vetrate. L'interno, mononavato con soffitto ligneo, presenta al centro una mensa eucaristica, in marmo, alle cui spalle si erge un crocifisso in bronzo.

Degno di nota è la grande vetrata circolare a tessere multicolore.

Chiesa di San Nicodemo Abate

Chiesa di San Antonio

Santuario Maria SS.ma d'Itria

Sorge dove un tempo era il castrum di Licia o Alichia lungo la strada per Cirò e prende il titolo dall'appellativo bizantino Odeghitria, cioè "Guida - Condottiera". Il suo antico titolo "Sancta Maria de Illirìa", cioè Santa Maria dell'Illiria, (l'Illiria è il sud dell'attuale Albania) testimonia la provenienza dell'antica icona originaria (attualmente perduta) scampata come molte altre alla lotta iconoclasta.

Fu Commenda templare e poi affidata ai Cavalieri di Malta dalla sospensione dell'Ordine del Tempio fino alle soppressioni napoleoniche. La chiesa è documentata in un privilegio di metà XV secolo. Era sede di una grandiosa fiera fino a tutto il Settecento, il 14 settembre, giorno della festa della Madonna d'Itria.

Il Servo di dio Mons. Eugenio Raffaele Faggiano, Vescovo Passionista di Cariati, nel 1940 mise la prima pietra per la riedificazione del diruto Santuario, e lui stesso, secondo il suo desiderio, dal 1982 riposa nel Santuario, risorto e retto dai Padri Passionisti suoi confratelli.

Al suo interno è custodita una tela in stile iconografico-bizantino della Vergine con il Bambino (autore ignoto dell'Ottocento). Di pertinenza della chiesa sono un salone per convegni, una biblioteca (aperta su richiesta) e una sala lettura. Il Santuario ha un proprio sito internet sul quale trovare molte e più ampie notizie.

Santuario Maria SS.ma d'Itria

Cappella Santa Lucia

Cappella di Santa Lucia

Piccolo edificio con campanile a vela posizionato sul timpano. Quest'ultimo e il portale rettangolare sono gli unici elementi decorativi della facciata. L'aula liturgica custodisce una statua di Santa Lucia che è collocata in una nicchia dietro la mensa eucaristica. La prima Chiesa a S. Lucia fu edificata da due santi fratelli sacerdoti, i fratelli Cristiano, uno Curato di Cirò Marina, l'altro Canonico Teologo di Cariati (a don Raffaele Cristiano, uno dei due, è dedicata una via in Cirò Marina), vissuti tra la fine dell'Ottocento e i primi del Novecento. Dopo la loro morte, la chiesa fu demolita e spostata.

Chiesa di San Michele

Piccolo edificio religioso di costruzione moderna. Circondato dal verde nella zona Lipuda, vi si accede attraverso un semplice portale. L'interno, a una sola navata, ospita un altare in marmo e scanni alle pareti.

Chiesa di San Giuseppe Lavoratore

Edificio costruito tra il 2009 e il 2011, inaugurato il 17 marzo 2011. Si trova nel Rione S. Croci. L'edificio ha la copertura in legno e ampie vetrate, dietro l'altare vi è un affresco che raffigura San Giuseppe Lavoratore dipinto dall'artista cirotano Elio Malena.

Chiesa di San Giuseppe Lavoratore

Santuario di Madonna di Mare

Si trova nello stesso sito dei Mercati Saraceni, a circa 4 km dal paese. Dedicata alla Regina del cielo, sorge sul promontorio dell'Alice in località Madonna di Mare.

La tradizione narra che l'Apostolo Pietro, approdato su questi lidi durante un suo viaggio da Antiochia a Roma, fondò sui resti di un tempio pagano il primo insediamento cristiano chiamato Santa Croce. Degna di nota è una tela di autore ignoto che riproduce l'effigie della Vergine.

Santuario di Madonna di Mare   L'interno del Santuario di Madonna di Mare

Chiesa di San Francesco di Paola

La chiesa è delimitata da due palazzi di pochi piani in zona Piazza Krimisa. Fu aperta al culto nel 1961, per rispondere alle esigenze di quei rioni che gravitano nella parte nord della cittadina.

Nel 1988 l'edificio sacro venne abbellito con artistiche finestre istoriate. Vi si accede da un semplice portale rettangolare e si caratterizza per un'alta struttura a vela in cui è custodita una campana.

La statua del Cristo

L'antica Fontana del Principe

Statua del Cristo

Nei pressi del santuario dedicato alla Madonna dell'Itria, su un colle che domina un ampio panorama, è stata posta una grande statua di Cristo nell'atto di benedire l'abitato sottostante. Poggia su un basamento in cemento, costituito da un blocco rettangolare sovrastato da uno quadrato.

Monumento a Santa Rosa Gattorno

Sul Lungomare Stefano Pugliese Sud è stata collocata, nel 2000, una statua in bronzo posta su un basamento in marmo bianco, raffigurante la religiosa che ha fondato l'ordine delle Figlie di Sant'Anna. Suor Rosa fu beatificata proprio nel 2000 da papa Giovanni Paolo II.

Monumento in onore di A. R. Gattorno

Monumento in onore di G. Gangale

Monumento ai caduti in guerra

I Mercati Saraceni durante il XVIII sec.

I Mercati Saraceni, oggi, dopo la ristrutturazione

Mercati Saraceni

Un beneficio religioso di origine settecentesca venne creato, nella località oggi denominata Madonna di Mare, per iniziativa dei feudatari principi di Tarsia. Essi ottennero la possibilità di organizzare qui una fiera dall'1 al 3 maggio.

Proprio in questa località, infatti, si trova il complesso mercantile che nel corso del Settecento fu sede di quella fiera, una delle più importanti del comprensorio, la fiera di Santa Croce, che richiamava, per la ricchezza e la qualità delle mercanzie, le vicine popolazioni arberesh (Carfizzi, San Nicola dell'Alto, Pallagorio). All'inizio del XIX secolo, a causa delle invasioni turche che interessarono l'intera fascia ionica, la fiera venne interrotta.

Si narra infatti che, proprio nel corso della cerimonia d'apertura, alla presenza del principe giunto da Napoli e di una numerosa comunità di mercanti, la fiera venne cannoneggiata da navi turche, forse per questo i mercati portano il nome di *Mercati Saraceni*.

Formati da due file di arcate in pietra che un tempo servivano al posteggio-merci, dopo la loro ristrutturazione, ultimata nel 1990, sono divenuti scenario di attività artistiche e teatrali.
Durante la festa patronale, che si svolge dall'8 al 10 maggio, la statua di San Cataldo viene portata in questo luogo, dove rimane all'interno di una chiesetta per un'intera notte.

Fontana del Principe

Situata a Nord-Est del castello Sabatini, a ridosso della S.S. 106, è una fontana ottocentesca a specchio con tre archi sui quali è apposta una lastra di marmo, contenente lo stemma dei nobili signori Spinelli.

Palazzo Porti

Palazzo Siciliani

Palazzo Porti

Risale all'Ottocento e si trova in piazza Diaz, vi sono ospitati il Museo civico archeologico e gli uffici della

Soprintendenza. Su due livelli, si caratterizza per i ricchi frontoni che adornano i balconcini balaustrati. Gli angoli sono rinforzati da finte paraste scanalate terminanti con capitelli aggettanti finemente decorati con stucchi.

Diversi i punti di accesso tutti di forma rettangolare, tranne il portale principale che ha un arco a tutto sesto. Il tetto terrazzato è in parte occupato da un'ala rialzata, adibita a mostre, convegni e incontri.

Palazzo Siciliani

È un imponente costruzione in pietra faccia vista su due livelli. Al piano terra si apre il grande portale con arco a tutto sesto. Degni di nota i balconcini in ferro battuto e le cornici in pietra delle finestre. È ubicato tra Via Vittorio Emanuele e villetta del Lungomare.

Palazzo Caparra

Si eleva su tre livelli è stato più volte rimaneggiato. Nel corpo centrale si nota una costruzione tipo torretta, ha una corte a cielo aperto, sorge in via Tirone.

Monumento a Giuseppe Gangale

Al filosofo e glottologo Giuseppe Gangale è stato eretto un busto collocato su un basamento rivestito in lastre di marmo. A lato, su un blocco di pietra grezza, sono scolpiti alcuni libri. Il monumento è posto nella villetta sul Lungomare Stefano Pugliese alle spalle della chiesa principale.

Monumento ai Caduti

Ai caduti di tutte le guerre è stato innalzato un monumento che si compone di un alto basa mento rivestito in marmo su cui è collocata una statua della Vergine con il Bambino. Per i marinai morti in mare è stata inserita una grande ancora in ferro. Si trova in Piazza Diaz.

ARCHITETTURE MILITARI

Torre Vecchia, a Madonna di Mare

L'altare della madonnina sul piazzale del Santuario di Madonna di Mare

Torre Vecchia

Lungo il pendio che unisce Madonna di Mare alla costa si trova una struttura difensiva. È una torre di avvistamento a pianta quadrata, costruita proprio in seguito alle prime invasioni saracene. Nel 2009, probabilmente a causa delle forti piogge, sono crollati una parte del tetto e gran parte della parete sovrastante la scala esterna.

Torre Nuova (o Nova)

Costruita nel 1596 per volontà del marchese Vespasiano Spinelli, è situata nella contrada Brisi. La struttura rappresenta, insieme alla Torre Vecchia, il cardine di un sistema difensivo e di avvistamento.

Castello Sabatini

È una costruzione di tipo militare a pianta quadrilatera con torri angolari speronate. Edificato nel XV secolo dai nobili Carafa marchesi di Cirò, è noto pertanto anche come castello dei Carafa, fu nel tardo Settecento trasformato dagli Spinelli, feudatari principi di Tarsia, che del manufatto militare fecero un'elegante dimora gentilizia. Il castello fu acquistato dalla famiglia Sabatini nel 1840.

Torre di Pozzello

Ricade nel territorio del comune di Cirò Marina, nella località omonima, non molto distante dal Casino del Principe (Castello Sabatini) e dalla Torre Nuova. Si tratta di una torre feudale, la cui costruzione è anteriore all'epoca vice regnale, è una torre quadrata con pareti verticali.

| Castello Sabatini | Torre Nova (Nuova) |

Torre di Solagi

La Torre di Solagi è situata in posizione leggermente arretrata rispetto al tratto di costa che va da Punta Alice alla Punta Fiumenicà, nel territorio del comune di Cirò, nella località omonima.

Si tratta chiaramente di una torre feudale, la cui costruzione è, probabilmente, anteriore all'epoca vice regnale.

La sua tipologia è molto semplice; si tratta, infatti, di una torre quadrata con pareti verticali, più piccola rispetto alle vicine Torre Vecchia e Torre Nuova di Capo Alici.

Costituita da un unico locale voltato a botte, al quale si accedeva da un'apertura posta sulla parete a monte, probabilmente elevata; la parete a mare, anche se in parte crollata, così come parte della parete a monte, doveva essere priva di aperture, che, invece, si ritrovano sui restanti lati.

La muratura è costituita da pietrame di varia pezzatura, ed in alcuni tratti sono ancora visibili tracce di buche pontaie ed una feritoia o finestrella in parte murata.

Il contatto visivo con l'abitato fortificato era garantito; la torre è infatti ben visibile, oltre che dal Castello, anche dalla parte più antica dell'abitato, che non aveva, invece, un contatto visivo con Punta Alice.

Lo storico cirotano Giovan Francesco Pugliese, nel 1849 scrive: "...In tutta l'ampiezza del territorio non rinvengonsi che due sole fabbriche antiche come piccole fortezze, cioè la torre di Solagi e quella di Porcari; dopo si costruirono la Torre di Puzzello, quella di Cerrello e quella di Favaro, altra in S. Vennera ed altra in Curiale e tutte per l'idea di porsi al sicuro o da' barbari o da' banditi...".

Torre di Pozzello

Torre di Solagi

Torre di Santa Venere

Nel territorio di Cirò, nella vallata solcata dal torrente Santa Venere, da cui prende nome la località stessa si trova una costruzione molto interessante, conosciuta con il nome di Torre di Santa Venere. La costruzione si trova sulla riva destra del torrente e non è in contatto visivo né con l'abitato di Cirò, né con altre torri.

La sua particolare posizione fa pensare ad una torre feudale posta, lungo un via di transito, sicuramente più sicura di quella costiera, fra territori confinanti, appartenenti a diversi feudatari.

Si tratta, più che di una torre vera e propria, di una grossa costruzione fortificata, in cui si possono distinguere due parti: una parte avanzata di minori dimensioni, ed una parte contigua, arretrata, di dimensioni maggiori. La prima parte è costituita da una vera e propria torre, rettangolare, con base a scarpa raccordata senza cordolo alla parte superiore.

L'accesso è costituito da un'apertura elevata, alla quale si accede a mezzo di una scala in muratura, posta sul lato maggiore del parallelepipedo a base rettangolare, verso il torrente. Sono, inoltre, presenti su questo lato, delle aperture simmetriche rispetto all'apertura d'ingresso ad arco.

Su uno dei due lati minori, la parte inferiore è aperta ed è caratterizzata da una volta a botte con unghie, denunciata all'esterno da un grande arcone ribassato. Realizzato in pietrame e mattoni di varie dimensioni, il paramento murario presenta ancora interessanti segni di buche pontaie, di feritoie, di scoli.

Contigua al restante lato maggiore della torre, la seconda costruzione, anch'essa a base rettangolare, costituita da tre livelli e con copertura a capanna.

È interessante notare la disposizione pressoché simmetrica delle aperture, soprattutto sui lati maggiori, ed il locale al piano inferiore, al quale si accede dalla parte inferiore della torre voltata a botte, caratterizzato dalla presenza di numerose nicchie.

Torre di Santa Venere

Torre Curiale

Nel territorio di Cirò, non molto distante dalla località Santa Venere, nelle vicinanze del Torrente Curiale, si possono osservare i resti di una antica costruzione. Le trasformazioni subite nel corso dei secoli non aiutano nella lettura del manufatto, tanto che è difficile capire se possa realmente trattarsi della Torre di Curiale di cui parla il Pugliese o semplicemente di una costruzione di tipo rurale.

Ulteriori indagini sulla muratura e sugli elementi che potrebbero essere considerati estranei alla originaria struttura (la copertura a tetto), potrebbero fornire indicazioni utili ad una maggiore comprensione del manufatto, che, in ogni caso, doveva controllare una parte meno esposta del feudo.

IL SITO ARCHEOLOGICO

Tempio di Apollo Haleo (o Aleo)

Durante gli scavi del 1924 l'archeologo Paolo Orsi, individuò in località Punta Alice, l'antico tempio arcaico dedicato ad Apollo Haleo. Che in località Punta Alice fosse già presente un'area di culto non ancora strutturata, almeno a partire dalla fine del VII secolo a.C. sembra confermato da una serie di manufatti tipici quali l'idoletto schematico in argento, il kouros dedalico e la statuina fittile di tipo locrese, rinvenute sul posto.

Soltanto dopo la metà del VI secolo a.C. si monumentalizza l'area sacra di Punta Alice con la costruzione del tempio dedicato ad Apollo Haleo. Nella sua fase più antica, fine del VI secolo a.C. il tempio dedicato ad Apollo Haleo era costituito da una cella (naos) fortemente allungata 27x7,90 metri, orientata in senso est-ovest, completamente aperta sul lato orientale e divisa in due navate da un colonnato di cui restano le basi lapidee. Tutte le colonne, esterne ed interne, si suppone fossero in legno.

La cella era conclusa ad ovest da un ambiente quadrangolare (adyton) chiuso da un muro divisorio ed articolato da quattro pilastri. Questo spazio conteneva la statua di culto del dio Apollo. La struttura era formata da un basso zoccolo costituito da due filari di blocchi di calcare, su cui poggiavano i muri in mattoni crudi.

Il tempio di Punta Alice dedicato ad Apollo Haleo, rimase in uso fino alla fine del IV secolo a.C. momento in cui l'edificio venne trasformato in un periptero dorico di maggiori dimensioni 46x19 metri.

Il nuovo edificio completamente in pietra, fu circondato da otto colonne sui lati brevi e diciannove su quelli lunghi. La cella arcaica fu inglobata nel nuovo edificio, mentre il colonnato fu raddoppiato solo sul lato orientale.

La seconda fase del Tempio di Apollo Haleo documenta invece gli ultimi interessanti sviluppi dell'architettura dorica templare in occidente, costituendo l'unico edificio periptero postclassico noto. L'area sacra di Punta Alice rimase fino al IV secolo a.C. in orbita crotoniate, come del resto la città di Krimisa.

Dagli scavi effettuati nell'area del Tempio di Apollo Haleo sono state rinvenute le parti in marmo della statua del dio Apollo ed il relativo acrolito, oggi esposto al Museo Archeologico Nazionale di Reggio Calabria. Nel 2012 la Regione Calabria ha finanziato la valorizzazione dell'area archeologica, che era ormai da anni abbandonata, con un importo di 700.000 euro.

I resti del Tempio di Apollo Aleo
e l'acrolito del dio Apollo Aleo

Cirò Marina si è sviluppato nella prima metà del XX secolo con la crescita dei settori agricolo e peschereccio e con le relative industrie di trasformazione. Sono sorte inoltre attività artigianali, legate al turismo balneare e archeologico.

Negli anni settanta, su Punta Alice è sorto lo stabilimento della "Sali italiani" del gruppo Montedison, mentre l'Agip ha scoperto in mare il giacimento petrolifero "Lavinia".

IL VINO CIRÒ DOC

I primi coloni greci sbarcati sulle coste cirotane rimasero impressionati dalla fertilità di questa terra, per questo motivo fu chiamata *Enotria* e cioè *terra dove si coltiva la vite alta da terra*. I contadini ellenici portarono nuovi vigneti da impiantare: sono infatti di probabile origine greca alcuni tipi di vite molto presenti sul suolo calabrese come il Gaglioppo e greco bianco.

Il vino prodotto chiamato *Cremissa*, divenne il *vino ufficiale delle Olimpiadi* e probabilmente è stato il primo esempio di sponsor secondo l'attuale definizione. La tradizione è stata riportata in auge, soprattutto per rilanciare l'immagine del Vino Cirò, alle Olimpiade di Città del Messico nel 1968 dove tutti gli atleti partecipanti hanno avuto la possibilità di gustare il Cirò come vino ufficiale.

La fase di maggiore crisi della viticoltura calabrese e cirotana si manifestò nell'Ottocento con l'arrivo della fillossera, che causò la decimazione dei vigneti e la quasi scomparsa delle coltivazioni. In questi ultimi anni il Cirò, soprattutto nella tipologia Rosso, sta riacquistando la sua antica grandezza anche per merito di numerose aziende che hanno saputo rinnovarsi, pur non rinnegando la tradizione, sia per quanto riguarda i vitigni veri e propri che per le tecniche di vinificazione.

CULTURA E INFO LOCALI

Il Teatro Alikìa

Il Teatro Centro Polivalente Alikìa è sito in via Pola, Alikìa era l'antico nome dell'abitato di Cirò Marina, è stato inaugurato il 22 marzo 2009. Il centro Alikìa è una struttura polivalente per congressi ed eventi culturali per il tempo libero, dove è possibile svolgere convegni, rappresentazioni teatrali, saggi, concerti, proiezioni cinematografiche.

La struttura ha una superficie coperta di circa 700 m² e una superficie esterna di circa 2500 m², in corso di ampliamento per altri 1800 m² da destinare a parcheggio.

La capienza attuale è di circa 300 posti a sedere, aumentabili fino a 450. La progettazione e la direzione lavori è stata curata dagli architetti Giovanni Gentile, Elio Amelio, Quintino Ferrara e Cataldo Marino in collaborazione con l'ufficio tecnico comunale. L'opera è stata realizzata con un finanziamento nell'ambito della programmazione del Pit 11 Alto Crotonese, Por Calabria 2000-2006 misura 4.4, Fondi Fesr. L'importo complessivo del finanziamento è stato pari a 725.000 euro, di cui ne sono stati utilizzati 465.000 per lavori e il resto per espropri, spese generali e allacci.

Cirò Marina vanta anche la Compagnia Teatrale Krimisa, nata dal 1981, che ha contribuito al recupero di tradizioni, usi e costumi tipici grazie alle commedie in vernacolo.

Il Teatro Alikìa durante uno spettacolo

L'interno del Teatro Alikìa

Il museo civico ha sede in Piazza Diaz, al piano terra ed al primo piano di Palazzo Porti, struttura acquistata dal comune di Cirò Marina nel 1981 e completamente ristrutturata nel 1985. Il progetto di allestimento del museo è stato ottenuto con l'approvazione della Sovrintendenza nel 1992 ma vide la luce il 12 luglio 1999.

Nelle sale al piano terra sono ospitati materiali provenienti dal tempio di Apollo Haleo rinvenuti negli scavi di Punta Alice, in particolare il calco della testa di Apollo e dei piedi (la testa marmorea originale e i piedi risalenti al 440 a.C. sono conservati nel Museo Archeologico Nazionale di Reggio Calabria).

Nelle sale al primo piano vi è ospitata una mostra fotografica e cartografica sull'archeologia subacquea calabrese degli ultimi trent'anni. Orario di apertura al pubblico: invernale, dal lunedì al venerdì mattina 9:00-14:00, estivo 9:00-14:00 e 19:00-22:00. Chiuso sabato. Ingresso gratuito. Tel. 0962.370056.

Riconoscimenti: Ormai da molti anni, ogni anno consecutivamente, Cirò Marina si aggiudica l'onorificenza della Bandiera Blu, l'autorevole riconoscimento europeo assegnato dalla FEE.

Ricorrenze, Feste e Fiere annuali

♦ Festa di San Cataldo - 8/10 maggio.
♦ Festa della Madonna del Carmelo - 14/16 luglio.

♦ Festa Sant'Antonio - 10/13 giugno.
♦ Fiera di ottobre - 16-17 ottobre.
♦ Focareddi di San Giuseppe - 18 marzo.
♦ Mini Maratona della "Magna Grecia" - mese di giugno.
♦ Trofeo di Nuoto "Punta Alice" - mese di luglio.
♦ Cirò Arte - mese di agosto.
♦ Calici di Stelle - mese di agosto.
♦ Spiagge Pulite - mese di agosto.
♦ Sagra del pesce azzurro- mese di agosto.
♦ BiciInCittà - mese di maggio.
♦ Premio Filottete - mese di agosto.

Mercato Rionale
♦ Il mercato rionale si tiene ogni 1° e 3° martedì del mese sul nuovo lungomare sud.

Personalità legate a Cirò Marina
♦ Giuseppe Tommaso Gangale, glottologo, religioso e filosofo.
♦ Domenico Maietta, calciatore.
♦ Francesco Domenico Chiarello, militare e supercentenario.
♦ Nicodemo Francesco Filippelli (Cirò Marina, 3 maggio 1946), politico.
♦ Claudia Trieste, Miss Italia nel 1997.
♦ Claudia Trieste, Miss Italia nel 2004 (quarta classificata).

**Claudia Trieste di Cirò Marina
Miss Italia 1997**

**Roberta Morise di Cirò Marina
Miss Italia 2004
4a classificata**

Sport & Impianti sportivi
♦ Stadio Comunale di Cirò Marina in erba
♦ Campo da Calcio in terra battuta
♦ Palazzetto dello Sport di Cirò Marina in parquet
♦ Campi da Tennis due in erba sintetica.
♦ Piscina Comunale di Cirò Marina, inaugurata il 7 maggio 2011, entrata in funzione il 9 luglio 2012 dopo l'affidamento a privati tramite bando.

Cirò Marina - Il Palazzetto dello Sport

Società sportive

♦ Calcio: L'A.S.D. Cremissa Cirò *1920* milita nel girone B calabrese di 1a Categoria. La squadra disputa le partite casalinghe nello stadio Comunale Punta Alice. E' nata nel 1920.

♦ Tennis Tavolo: A.S.D. Tennis Tavolo Krimisa.

♦ Tennis Club Cirò Marina A.S.D. riconosciuta dal Coni ed Affiliata ANSPI

♦ Calcio A 5: Hellas Cirò Marina Calcio A 5 milita nella stagione 2012/2013 nel campionato regionale di Serie D "Girone A". La squadra disputa le partite casalinghe nel Palazzetto Comunale di Cirò Marina.

♦ Pallavolo: L'Asd Volley Fidelis Cirò Marina milita nella stagione 2012/2013 nel campionato regionale di Serie D "Girone A". La squadra disputa le partite casalinghe nel Palazzetto Comunale di Cirò Marina. La Polisportiva Punta Alice milita nel campionato di Seconda Divisione. La squadra disputa le partite casalinghe nel Palazzetto Comunale di Cirò Marina.

♦ Taekwondo: Centro Taekwondo Demo Cirò Marina

Aree naturali
♦ Pineta: ubicata a ridosso della fascia costiera che da Punta Alice si estende fino a Madonna di Mare, ricopre una parte di territorio pari a circa 62 ettari. Da dicembre 2011 il sindaco con un'ordinanza ha vietato l'accesso all'interno con mezzi meccanici. Il 1° maggio 2013 è stato inaugurato il *Bosco dei Cacci*, area picnic attrezzata all'interno della Pineta.
♦ Parco Giochi (Zona Punta Alice)
♦ Villetta Comunale (Via Roma)
♦ Lungomare sud - Via Torrenova
♦ Villetta Via Stilo
♦ Villetta Sant'Antonio
♦ Villetta San Giuseppe
♦ Villetta Giuseppe Gangale

Una parte del Porto di Cirò Marina

Porto

Il porto di IV classe turistico peschereccio è destinato alla pesca locale e al diporto. È stato progettato dagli ingegneri Telmo Gentile e Maurizio De Santis e dall'architetto Luigi Saltarelli. È composto da due darsene e da un bacino di espansione, da un molo foraneo principale, da un molo di sottoflutto, una banchina nord ed una banchina sud.

Nella darsena n. 2 sono stati installati due pontili galleggianti per le imbarcazioni da diporto. Il fondale in banchina varia dai 3 ai 5 m. Sono previsti 342 posti barca per imbarcazioni da diporto, che possono avere una lunghezza massima di 15 m.

L'opera portuale è stata finanziata dalla Regione Calabria con la somma di lire 38 miliardi il 9 giugno 1986, su richiesta del Comune di Cirò Marina, i lavori sono iniziati il 22 marzo 1993 e, durante la loro esecuzione, sono stati contrassegnati da proroghe e da ritardi. Il porto è stato completato e inaugurato nel 2001.

Il 13 gennaio 2009 una violenta mareggiata (mare forza 8/9), ha provocato gravissimi danni alla struttura portuale ed alle attrezzature. Le onde di altissime dimensioni, accompagnate da violente raffiche di vento, hanno abbattuto il muro paraonde del porto per una lunghezza di circa 160 metri, peggiorando ulteriormente la situazione, già critica, per la violenta mareggiata che si era verificata un mese precedente (12 dicembre 2008). Dopo dieci anni dall'inaugurazione, nel 2011 iniziarono i lavori di riqualificazione all'interno del bacino portuale, con un finanziamento di un milione e 300.000 euro dal Fondo europeo per la pesca (FEP).

L'8 aprile 2011 sono stati consegnati i lavori, in particolare è stata ripristinata la pavimentazione, l'illuminazione, gli erogatori di corrente, l'impianto antincendio e di acqua potabile, nonché il completamento del mercato ittico all'interno del porto, fino ad ora inutilizzato.

I lavori sono stati diretti dall'Ing. Antonio Mastroianni e ultimati in data 13 dicembre 2011.

Gemellaggi con:
- Supino (FR), 2007
- Chiavari (GE) 2010
- San Cataldo (CL) 2013

Etnie e minoranze straniere
Al 30/11/2016 a Cirò Marina risultano residenti 981 cittadini stranieri. Le nazionalità più numerose sono:
♦ Romania - 428
♦ Marocco - 111
♦ Albania - 108
♦ Ucraina - 57
♦ Polonia - 33
♦ Bulgaria - 39
♦ Cina - 29

Una delle tante spiagge di Cirò Marina

SITI WEB DI CIRÒ MARINA E DINTORNI

http://www.comune.ciromarina.kr.it/) - http://cirol.it/index.html
http://www.comuni-italiani.it/101/008/index.html
http://www.prolocociromarina.it/ -http://www.tuttitalia.it/calabria/10-ciro-marina/
http://it.wikipedia.org/wiki/Cir%C3%B2_Marina
http://it.wikipedia.org/wiki/Cir%C3%B2_(vino) - http://www.comune.ciro.kr.it/
http://cirol.it/comune/crucoli/ -http://cirol.it/comune/melissa/
http://cirol.it/comune/strongoli/

ALCUNE RISPOSTE AI TURISTI & OSPITI

D'estate vi è un caldo eccessivo?

Caldo d'estate si, ma non eccessivamente focoso, perché qui è spesso presente una regolare e soffice brezza di fresco vento marino, che accarezza dolcemente la calda pelle abbronzata sotto il sole, bilanciando così una piacevole, giusta e desiderata bassa temperatura corporea.

Sono presenti zanzare o altri insetti fastidiosi?

Insetti No, raramente qualche zanzara serale o notturna specie nelle vicinanze di zone acquose.

L'acqua del rubinetto è potabile?

Si, l'acqua Comunale del rubinetto è potabile, comunque si consiglia di limitarne la quantità da bere ai bimbi e a persone più delicate.

L'acqua calda è sempre presente?

Si, praticamente in tutte le abitazioni, l'acqua è scaldata attraverso un impianto (scaldino) elettrico o gas.

La corrente elettrica è sempre presente e ben funzionante?

Si, in tutte le abitazioni della nostra zona.

Le residenze sono situate in zone tranquille o rumorose?

Oltre le residenze situate nei centri città, molte abitazioni si trovano in zone praticamente tranquille e silenziose. Comunque le locazioni più periferiche sono naturalmente ancor più silenziose.

Le abitazioni sono distanzi dai negozi?

Cirò Marina non è molto grande, quindi la maggior parte delle abitazioni si trovano a pochi passi dai negozi (specialmente da quelli alimentari).

Quanto distano le abitazioni dal mare?

Quasi ogni abitazione si trova o sul mare, oppure a pochi passi dal mare, comunque non oltre i 1000 mt. circa dal mare (il centro di Cirò Marina misura circa 1000 x 1000 mt. in linea d'aria di folto abitato).

COME SI RAGGIUNGE CIRO' MARINA

IN AEREO: L'aeroporto S. Anna di Crotone (Comune di Isola Capo Rizzuto) dista circa 45 Km da Cirò Marina ed è collegato con diversi aeroporti tra cui Roma Fiumicino e Milano Linate, con voli diretti e giornalieri. Spesso (specialmente d'estate) è in collegamento con più aeroporti nazionali. Anche i collegamenti aerei dell'Alitalia sono attivi dall'aeroporto S. Anna di Crotone.
♦ L'aeroporto di Lamezia Terme dista circa 120 Km da Cirò Marina ed è collegato da più voli diretti giornalieri con quasi tutti gli aeroporti nazionali e internazionali. Fra l'altro con Roma Fiumicino, Milano Linate, Napoli Capodichino e con Bologna Borgo Panigale. Anche i collegamenti aerei dell'Alitalia e Airone sono attivi dall'aeroporto di Lamezia Terme.

IN TRENO: Da Milano, da Roma e altre città italiane, servizi treno con servizio ristorante, wagon lits e Eurostar (fino a Lamezia Terme), con carrozze dirette per la stazione F.F.S.S. di Crotone e con coincidenza fino a Cirò Marina. La stazione ferroviaria di Crotone, collega la neo-provincia, con diverse corse giornaliere, alle principali città d'Italia. Anche tramite la tratta: Taranto - Reggio Calabria ed il collegamento Catanzaro Lido - Lamezia Terme.

IN AUTO:
<u>Da Nord:</u> si percorre l'autostrada (A3) Salerno/Reggio Calabria fino all'uscita di Sibari, quindi raccordo con la

S.S. 106 Jonica direzione Rossano-Crotone-Reggio Calabria. Cirò Marina è situata a ca. 60 Km. dallo svincolo di Sibari.
<u>Da Sud:</u> si percorre l'autostrada (A3) Reggio Calabria/Salerno fino all'uscita per Catanzaro, arrivati a Catanzaro Lido si imbocca la S.S. 106 Jonica, direzione Crotone, la S.S. 106 costeggia tutto il litorale direzione Taranto.

IN PULLMAN: Servizio regolare tutti i giorni e più volte al giorno di linea andata e ritorno, da moltissime città Italiane per e da Cirò Marina.

LA STORIA DI CIRO' MARINA

Cirò al mare o come nell'antichità si chiamava "Krimisa" o "Kremisa", sorgeva intorno e nelle vicinanze della zona Punta Alice e Brisi-Torrenova. Come tante altre colonie greche, fu fondata nei secoli a.C. durante il periodo in cui la fiorente Magna Grecia si trovava a dominare l'intero mondo conosciuto di quel tempo.

La Grecia era la quinta potenza bellica mondiale, riconosciuta dalla storia ufficialmente universale. Uno dei leggendari, racconti, afferma che l'origine di Krimisa (Cirò) risale al 1300 a.C. per opera dell'eroe di guerra

Filottete, che sbarcò sul territorio calabro alla fine della distruzione della città Troia, dopodiché vi fu un continuo afflusso di fiorenti colonie e popoli di origine greca, che invase questa "Terra rocciosa" che si chiama Calabria, la terra boscosa dell'allevamento di ovini e bovini, la terra dei "pastori di vitelli", (i vitali), la "Vitalia" = "Terra dei vitelli", dove dimoravano gli italo'i = "Abitatori dei monti", da cui abitudini di vita e di virtù lavorative ne riconosce un nome già dotato a loro da diversi secoli a.C., il nome originale di questa regione era "Italia".

Sotto il dominio romano, il nome Italia si estese sempre di più verso il nord, tanto che dal 2° secolo a.C. fino ad oggi, questo nome è divenuto il nome nazionale attuale, di tutta la nostra bella penisola dello stivale italico. Le condizioni favorevoli dell'ambiente cirotano, del clima, della possibilità di una buona irrigazione e della fertilità del suolo, hanno contribuito alla formazione di un vero e proprio popolo, trovatosi così in una "Terra promessa" dove scorre latte e miele.

La ricchezza dell'agro cirotano, da Brisi fino ed oltre Punta Alice, viene alimentato, tra l'altro, dalle abbondanti acque del fiume Lipuda, dai vigneti, dai fitti boschi colmi di buon legname, dalla selvaggina e dai volatili, ma anche dal commercio promosso dalla navigazione e specialmente dalla pesca marina.

E' già da secoli, quindi, che le risorse dei cirotani, sono pervenute dal fertile suolo che produce tra l'altro l'ulivo nostrano grezzo da dove ne deriva un olio nobile e senza pari, dai ricchi alberi di frutteti con una inimitabile dolce qualità biologica, e dalla preziosa vite che viene spesso posta e coltivata ad alberello esponendola apertamente ai raggi caldi del sole del sud; questo sistema di coltivazione fa abbronzare ancor di più, la pregiata uva del Gaglioppo.

Già da un tempo remoto, il vino di Krimisa (il Cirò) fa furore come la più rinomata alta qualità nel commercio redditizio. Storicamente, è proprio dalla zona vitivinicola del sud di Krimisa che proviene il racconto dell'adorazione di Bacco, colui che tutt'ora, il mondo intero riconosce come il "dio del vino".

In questa terra che ha sempre prodotto buon frutto, sorse così un centro abitato, una città che divenne fiorente e sacra, anche attraverso la presenza di un imponente tempio greco (c.a. V secolo a.C.) chiamato il "Tempio di Apollo Aleo".

In questo edificio di culto venivano custoditi l'arco e le frecce avvelenate del mitico e forte eroe di guerra Ercole (Eracles). Apollo veniva anticamente considerato il "dio" o il "patrono per eccellenza" della salute, della medicina e purificazione, della prosperità e di altre benefiche guarigioni.

Nell'ottavo secolo d.C. i kremissesi furono oppressi e dispersi dagli arabi africani (Saraceni). essi, abbandonarono così, la zona marina e si stazionarono nei diversi paesini già esistenti dell'entroterra, in particolare sulle vicine colline del piccolo agglomerato Ypsicron, l'attuale Cirò, nome che, etimologicamente, significa "luogo freddo (Ypsicrò)", perché esposta a tramontana ed è molto ventilata.

Quasi per giustificarne il suo nome, in seguito fu chiamata "Psycrò", e più tardi "Terra Uscirò", un nome di cui attualmente ne è derivato "Cirò".

NASCE CIRO' MARINA

Solo tre secoli fa, verso il 1700, dopo circa 1000 anni di desolazione, vi fu a Krimisa l'inizio di una nuova popolazione; in seguito, verso la metà del 1800, sulla Costa dell'antica Krimisa, si ravvide sorgere un nuovo villaggio.

Dal nord e dal sud, provenivano dei pescatori, che si stanziavano nella zona che chiamarono "Baracca", cioè il borgo marino. Iniziò così, ciò che 100 anni dopo, ed ancora oggi conosciamo, come la cittadina di Cirò Marina: la "Ypsicron al mare".

L'incremento fu tale che, nel 1950 vi furono già circa 7.000 abitanti. Nonostante, l'emigrazione in massa dei calabresi in generale, nel 1952 del secolo scorso, Cirò Marina divenne un Comune autonomo. specialmente negli ultimi decenni da quando il 1970/'75 fece rallentare l'emigrazione, un'adeguata professionalità verso l'istruzione scolastica e l'aumento della cultura manageriale, progredì a grandi passi, grazie all'iniziativa presa da persone consapevolmente razionali e laboriose. tutto questo, diede un decisivo impulso per quanto riguarda l'industria, l'artigianato, l'agricoltura, la pesca, il turismo ed il commercio in generale.

Vi fu una buona direttiva governativa, comunale e statale, con la necessaria, fondamentale e sana struttura economica di gestione. Una stretta collaborazione, vi fu anche da parte dei compaesani stessi, che, con disciplina, sudore ed abnegazione, ottennero un risultato molto positivo, nella riuscita dello sviluppo di un'alta produzione commerciale e benessere sociale.

Il risultato di questa corretta disposizione generale, favorì allora, un discreto reddito lucrativo, progressivo e duraturo, a favore di tutti e specialmente per le nuove generazioni di cirotani.

Castello Sabatini (XV secolo)

Si trova al declivio del colle panoramico, nelle vicinanze del Santuario della Madonna d'Itria, qui sorge il castello medioevale: "il Palazzo" o "Villa Alice". Fu il nobile Carafa, della famiglia dei "Marchesi reali di Cirò" a costruire questa fortezza militare.

Il castello fu acquistato da Francesco Sabatini nel 1840, durante il periodo della "Eversione della Feudalità" (l'abbattimento della gerarchia locale e distrettuale).All'esterno del castello vi è un'antica fontanella, la quale dava ristoro a vicini abitanti della zona.

Oggi ancora, i signori residenti di questo gioiello patrimoniale di Cirò, provengono dalla diretta dinastia ereditaria dei nobili Sabatini originari.

Alcuni anziani di Cirò, raccontano:

1) Nelle vicinanze della parte nordica del castello Sabatini, vi era un'entrata, la quale si accedeva ad un cunicolo sotterraneo che portava internamente fino al mare, nel luogo interno della Torre Nova a Brisi. Questa galleria, veniva usata fino ad un secolo fa dai "briganti della zona".

2) Nella torre a nord-est del castello Sabatini, vi fu seppellita, ancor viva, una giovincella, questo fu fatto per togliere una maledizione che faceva crollare continuamente questa torre durante la sua costruzione iniziale.

Dopo questa misteriosa ma fraudolenta sepoltura, la costruzione fu portata a termine, senza alcun ulteriore evento.

**IL CASTELLO SABATINI
XV secolo d.C.**

**Torre Nova (Nuova)
XV secolo d.C.**

**La fontana "delle
Alici" (del Principe)**

Torre Nuova (Nova)

Fu costruita dagli spagnoli nel XV secolo. Questa quadri-formica torre a forma cubica, si trova di fianco alla foce del fiume Lipuda, in mezzo ai vigneti, nella contrada Brisi. Era una piccola fortezza e serviva da torre d'avvistamento militare.

La fontana "delle Alici" (del Principe)

Questa fontana risale al XVII secolo. Fa parte dei giardini del Castello Sabatini e si trova ai piedi della zona Alice, sulla parte superiore del giardino. E' una fontana a specchio con tre archi, sopra gli archi vi è una lastra di marmo con lo stemma dei nobili signori Spinelli.

Mercati Saraceni
(XV sec. d.C.) prima
della restaurazione

Torre Vecchia
IX secolo d.C.

Santuario Madonna d'Itria
VIII secolo d.C.

Santuario Madonna d'Itria
dopo il restauro del 1971

Torre Vecchia

Si trova lungo il pendio rialzato del colle, che unisce "Madonna di mare" con la costa marina della vecchia "sena" (una zona vicino al mare, abitata da alcuni cirotani dall'inizio del 1900). È una quadri-formica Torre di avvistamento di origine normanna che risale al IX secolo d.C.. Diversi secoli dopo la sua costruzione fu nuovamente ristrutturata. Esiste già dal periodo delle razzie ed oppressioni avute dagli Arabi Saraceni di un tempo.

Santuario Madonna d'Itria

É una chiesetta del VIII secolo d.C.. É situata sulla collina, nelle vicinanze del Castello Sabatini. Fu restaurata nel 1971 con l'aiuto finanziato dai cittadini, attraverso le collette raccolte dal frate "padre Arcangelo", che ne prese l'iniziativa.

Tempio di Apollo Aleo

Fu solo nello scorso 1925, che l'archeologia scoprì i resti dell'antico tempio greco del dio Apollo. Questo luogo di culto, era famoso nell'antichità, per i suoi oracoli (divinazione idolatrica dove gli dei o santi, figurati da statue con forme umane, fatte di legno, pietra o metallo, venivano adorati, portati in processione ed interpellati).

Questo monumento architettonico (o quel poco delle fondamenta che ne sono ancora rimaste) risale a diversi secoli a.C. In questo tempio, si trovò anche la "testa mormorea di Apollo Aleo", come pure i piedi e la mano destra dell'acrolito (una scultura greca arcaica) ed una immagine d'oro di Apollo Aleo stesso. Apollo, nell'antichità greca, era sinonimo di "uomo di straordinaria bellezza". Qui furono trovate anche le frecce di Ercole (Ercules).Tutti questi e altri oggetti preziosi, sono esposti al pubblico nel museo nazionale di Reggio Calabria.

I Mercati saraceni, attualmente, dopo il restauro

I Mercati Saraceni

Sulla piattaforma della collina, in località "Madonna di mare", di fianco alla chiesetta bianca dedicata alla " Regina del cielo", sorge un complesso recentemente restaurato. Sono un complesso di caratteristici porticati chiamati "Mercati Saraceni" costruiti verso il 1.500 d.C. Molto tempo fa, in questo luogo, veniva svolto annualmente dal 1° al 3° giorno di maggio "la fiera di Santa Croce".

Questo importante mercato era molto frequentato dai commercianti e mercanti viaggiatori di tutta la Calabria, Sicilia ed oltre. La vastità e l'assortimento dei prodotti che venivano commercializzati, faceva di questo mercatone un ricco evento meridionale.

Le invasioni saraceniche avute all'inizio del XIX secolo, fecero cessare, purtroppo, il seguito di questo fiorente mercato. Alcune delle tipiche specialità gastronomiche dolciarie di quei secoli passati, come ad esempio: il torrone, i taraddi ed i tardiddi, si possono ancora degustare sulle bancarelle del mercato tradizionale di Cirò, di Cirò Marina e dei paesi vicini.

Nelle profondità marine

Alcuni sommozzatori, asseriscono che a poche decine di metri dalla riva del mare, dalla zona campeggio di Punta Alice fino al faro, si ravvedono, completamente sommerse nei fondali dell'acqua, diversi muri e recinti di pietra che somigliano a delle case posizionate a schiera, vi sono aperture nei muri come se fossero riquadri per finestre e porte (hanno molta somiglianza con i ruderi della abitazioni che vi sono nell'antica Pompei, che fu travolta dalla lava del Vesuvio).

Il tutto è intensamente ricoperto da uno strato di alghe e muschio marino. Se vi fossero veramente delle case, a quale vecchia o antica civiltà apparterranno? All'antica Krimissa?

Molti sono convinti di sì!

In quelle stesse profondità marine, comunque, si trovano i resti del vecchio Faro (la Lampara), che fu distrutto dal maremoto, avvenuto decenni fa.

MANIFESTAZIONI & PASSATEMPO

Una sfilata di attività: cultura, musica, arte, spettacolo, sport...ecc.
Specie durante la lunga e calda estate che inizia da aprile fino a ottobre, vengono organizzate molte delle seguenti manifestazioni:

Processione di San Cataldo (protettore di cirò Marina). E' una festività cattolica che si commemora ogni 9 e 10 di Maggio

♦ Festival dello sport allo Stadio Comunale.
♦ Cinema all'aperto nei vari quartieri di Cirò Marina.
♦ Gara podistica.
♦ Musica folkloristica per le strade e piazze di Cirò Marina.
♦ Musica itinerante sui Lidi.
♦ Musica leggera con vari artisti nazionali e locali.
♦ Musica popolare e latina.

♦ Gara di liscio.

♦ Cabaret e ballo.

♦ Orchestra di musica classica ai "Mercati Saraceni".

♦ Pomeriggi e serate per i bimbi con musica, show, giochi e teatro.

♦ Teatro, arte e spettacoli in paese ed ai "Mercati Saraceni".

♦ Karaoke show nei vari locali.

♦ Canto classico giovanile.

♦ Giovani cantanti imitano cantanti famosi.

♦ Playback show nei vari locali.

♦ Mostra di artigianato locale.

♦ Mostra di pittura sulle strade.

♦ Sagre di eno-gastronomia locale con prodotti tipici e assaggi.

♦ Elezioni per il concorso nazionale di "Miss Italia".

♦ Elezioni di: Miss e Mister nei vari complessi alberghieri e nei stabilimenti balneari.

♦ Festival di miss - spiaggia.

♦ Festival di miss – Cirò Marina.

♦ Festival di mister: Bello.

♦ Festival di culturismo, aerobica e fitness.

♦ Alberi della cuccagna.

♦ Fuochi d'artificio con musica (al Porto).

♦ Sagra dell'anguria. Sagra del pesce.

♦ Bici in città.

♦ Falò sulle spiagge (Come manifestazione di allegria, specie a ferragosto, si accende un fuoco intenso all'aperto dove e possibile arrostire cibi fino al mattino.

♦ Bagni notturni in gruppo.

♦ Vendite ufficiali di beneficenza all'asta e tantissime altre manifestazioni che verranno in data pubblicate nell'agenda estiva "dell'Assessorato allo Sport, Turismo e Spettacolo, dall'Amministrazione Comunale di Cirò Marina.

P.S: Richiedete l'esatta manifestazione con data, orario e luogo presso: la Pro-Loco, sita in Piazza Diaz, 17 (centro) Tel/Fax. 0962.370730.

E-mail: prolocociromarina@unplicalabria.it   -   http://www.prolocociromarina.it/

Cirò Marina - Piazza Diaz negli anni 1950 - durante una delle tante processioni annuali della chiesa cattolica

Anche oggi, durante le tradizionali festività religiose, l'intero paese si raduna nelle strade e piazze per festeggiare l'evento

CALENDARIO CIROTANO DELLE TRADIZIONI
Cultura - Avvenimenti & Manifestazioni

♦ 1° e 3° Martedì di ogni mese: mercato locale cittadino.

♦ Gennaio: si travasa il vino nuovo, specialmente quello trovato con troppi residui.

♦ Febbraio: A Carnevale si fanno le "Chiacchiere", tipica forma di biscotti alla cirotana di uova, farina e sale.

♦ 18 Marzo: Festa di san Giuseppe e Maria, si bruciano "le frasche" (la vite secca), sia nei forni e focolari delle case come anche sulle strade pubbliche, vengono fritte le "Zeppole" ciambelline di farina, patate e zucchero.

♦ 19 Marzo: Processione di san Giuseppe per tutto il paese, chi fa un voto offre ai conoscenti "Nu mucceddatu" (ciambella con il buco) un pane dolce con semi di lanzo (anice).

♦ Marzo-aprile: A pasqua si fanno le "Cozzupe", pani dolci di diverse forme, con uova intere bollite.

♦ Aprile: Con data annualmente variabile vi è la grande "Fiera di san Francesco" in tutto il centro del paese.

♦ 9-10 Maggio: Festa di San Cataldo, protettore di Cirò Marina, processione anche con le fiaccole. Festa ai "Mercati Saraceni". Musica folcloristica con le zampogne". Chi fa un voto offre ai presenti i "Cuddureddi" un dolce di pasta di farina con uova e zucchero: tipica ciambellina con il buco che ha la forma della parte del corpo da guarire.

♦ 20 Maggio: Festa della "Madonna di Maripuglia" al santuario di Crucoli Torretta.

♦ 22 Maggio: Festa di "Santa Rita", processione con le fiaccole. Si offrono i "Paniceddi".

♦ 12-13 Giugno: Festa di "Sant'Antonio di Padova", processione con le fiaccole. Festival canoro. Giostre. Musiche varie in paese. Bancarelle e fuochi d'artificio. Chi fa un voto offre ai conoscenti i "Paniceddi" panini con semi di lanzo (anice) e sale a forma di panini rotondi.

♦ 14-16 Luglio: Festa della "Madonna del Carmelo " (Madonna du Carmine), processione con le fiaccole. Fiera in paese. Musica nelle strade e fuochi d'artificio.

◘ Dal 20 Luglio al 20 Agosto: L'estate cirotana esplode di energia vitale nelle attività:

♦ Cinema all'aperto nei vari quartieri con film e premiere.

♦ Festa dell'unità, Festival con diversi artisti e cantanti italiani, locali e folcloristici.

♦ Mostre e pittura artistica professionale.

♦ Musiche varie in paese, fanfare e orchestre.

♦ Sagre del vino e gastronomia nostrane di varie specialità.

♦ Gastronomia locale casereccia, con varie bancarelle.

♦ Giostre; la radio e TV nazionale viene in paese.

♦ 10-11 Agosto: In questa "notte di San Lorenzo" si vedono numerose stelle cadenti dal cielo cirotano. Si fanno i falò sulle spiagge e il bagno notturno.

♦ 15 Agosto: Ferragosto, pic-nic sotto il sole e la luna, nelle fresche campagne e pinete locali e Silane e sulle spiagge del limpido mare cirotano.

♦ 21-22 Agosto: Festa di "San Nicodemo", processione, fuochi d'artificio, musica varia e diverse bancarelle.

♦ 14 Settembre: Festa della "Madonna d'Itria", processione al luogo sacro con le autovetture e bancarelle al santuario stesso.

♦ Settembre-Ottobre: È il tempo della vendemmia e si fa il vino (il mosto).

♦ 14-16 Ottobre: Fiera del "Rosario". Processione della Madonna del Rosario in paese.

♦ Ottobre (metà del mese): Mercatone degli animali domestici da fattoria ai Mercati Saraceni (cavalli, asini, maiali, capre, cani, galline, colombe ecc.), anche attrezzi ed accessori per contadini ed i loro animali. Abbinata alla fiera che si dispone in città, questa tradizionale fiera degli animali si realizza ogni anno in concomitanza con la conclusione della vendemmia.

♦ Luglio (metà del mese): Mercatone degli animali domestici da fattoria nella Zona Industriale-Contrada Lipuda (cavalli, asini, maiali, capre, cani, galline, colombe ecc.), anche attrezzi ed accessori per contadini ed i loro animali.

♦ Ottobre-Novembre: Si raccolgono le olive e si fa "l'olio nostrano".

♦ 1-2 Novembre: Festa dei "Santi" e dei "Defunti", per ogni lutto in famiglia vengono distribuite ai propri conoscenti (fra l'altro) "Pitte cirotane" pane a forma di ciambella con il buco di varie grandezze.

♦ 11 Novembre: È il giorno di "San Martino", ogni mosto diventa vino, si travasa il vino in botti (otri), preferibilmente nuovi. Il vino novello di Cirò è pronto per essere bevuto.

♦8 Dicembre: Festa "dell'Immacolata Concezione", processione nel paese.

♦ 13 dicembre: Festa di "Santa Lucia", si fa "il grano bollito con vin cotto". Processione nel paese.

♦ 24-26 Dicembre: è "Natale", si fanno i "Crustoli", fatti con farina, miele, aranci e mandorle. Si fanno i "Crispelli" fatti con farina, zucchero e cannella. Si fanno i "Pitti a rosa" fatti con farina, cannella, uova e uva passa. Si fanno i "Tardiddi" è un torrone fatto con farina, uova, cannella, miele e mandorle.

QUIZ: QUANTO CONOSCETE CIRÒ MARINA?

Le risposte alle domande le troverete da pagina 116

1. Si dice la sera ma non al mattino.
2. Così si chiamava Cirò.
3. Nome di Apollo.
4. Un Don famoso.
5. Così erano le frecce di Ercole.
6. Il nome del vino del dio Bacco.
7. Il Lilio, alias: Giglio di Cirò, lo riformò.
8. La 106 che viene e va.
9. Rinnovò Madonna d'Itria.
10. E' lunga 10 Km. circa quella di Cirò Marina.
11. Il castello Sabatini ne ha uno.
12. Ve ne è una vecchia ed una nuova.
13. Uno dei due è di alta qualità Internazionale.
14. Da Belvedere si imbarcava a Cirò Marina.
15. E' nominato all'ammiraglio della nave San Giorgio.
16. A volte, se ne cade troppa a dirotto, se ne va a stento.
17. Il vino di Cirò è il premio di questi vincitori.
18. Educatore ed esperto di tiflo-pedagogia (fu effetto a cecità).
19. Compagno di Ercole.
20. Da lì nasce il sole estivo della Costa Ionica Calabrese.
21. Il santo protettore di Cirò Marina.

22. Tanti Ducati ricevette A. D'Aragona da Carafa per comprare Cirò.
23. Cognome di Francesco Saverio, docente universitario nato nel 1931.
24. A Cirò Marina è molto più piacevole di quella di Crotone.
25. Un po' di Cirò Marina si chiude le sere d'inverno.
26. Cognome di Fortunato Tommaso, deputato nato nel 1877.
27. Si bruciano a San Giuseppe.
28. Pianta cui si tentò di combattere la malaria.
29. Nome dell'uva del D.O.C. di Cirò.
30. E' blu il premio per il mar pulito.
31. Il Caviale piccante di Cirò.
32. Poeta e letterato di Cirò nato nel 1881.
33. Liquore nostrano.
34. Divide Cirò Marina dal Solito Posto.
35. La punta del Faro.
36. Antichi mercati.

37. Giuseppe, magistrato nato nel 1773.
38. Cataldo, generoso medico dei poveri.
39. Un'importante uso locale di energia.
40. Ve ne sono circa 14.000 a Cirò Marina.
41. Antonello, musicologo nato nel 1954.
42. Un antico popolo del circondario.
43. Si preparano a Natale.
44. Manlio, commediografo nato nel 1886.
45. Confina con Cirò Marina.
46. 88811 lo è di Cirò Marina.
47. Giuseppe, glottologo nato nel 1898.
48. Vendeva l'elettricità all'Enel.
49. A Cirò Marina ve ne era uno solo.
50. Mario, scrittore nato nel 1958.
51. Era un grande allevamento locale.
52. Cataldino, cantante.
53. Era Rossa a Cirò Marina.
54. Elio, artista, scultore e archeologo.
55. In zona covano le uova più grosse.
56. Sono tre i livelli di Cirò Marina.

57. Una volta se andava e poi ritornava senza preavviso.
58. Margherita, prima ballerina nata nel 1949.
59. Sostituivano l'attuale acquedotto Comunale.
60. L'ultimo a Cirò Marina era moderno.
61. Sabatini, vulcanologo del 1907.
62. Il principe di Cirò lo era di Melissa.
63. Ne deriva il nome della zona Sante Croci.
64. Un Sindaco Senatore.
65. La torre del patrono ne ha quattro.
66. Le tre parole nell'emblema di Cirò Marina.
67. Non manca quasi mai con i pasti Cirotani.
68. Sventola al camion che porta i mobili degli sposi.
69. Era un simpatico postino amico di tutti.
70. A lei è nominata la Casa di Cura.
71. Nel 1860 approdarono al "Borgo Marinaro" (il Porto).
72. Il colore del grembiule dei più giovani scolari locali.
73. La suora Madre Beata, situata sul Lungomare.
74. Fa uno dei spumanti di Cirò.
75. Soprannome del Barbiere cirotano: A. Aloe con sede in Via C. Battisti.

LO STEMMA DELLA CITTA' CIRO' MARINA

Ispirato alla Magna Grecia, lo stemma è opera dell'artista locale Emilio Frangone (recentemente scomparso). Nello stemma viene riportato un motto che è molto significativo: "Felix Mari Meroque": "Felice nel Mare e nel Vino".

In queste poche parole è sintetizzata molto della storia della cittadina, ricca e orgogliosa per i suoi vini forti e generosi e per la pescosità delle sue coste.

Poco diverso è il nuovo stemma, questo è diviso da una verticale in due campi, l'uno color granato, l'altro bianco. La scelta cromatica è ispirata al vestito degli antichi greci italioti (bianca la tunica e granato il mantello).

Nel campo bianco è raffigurato Bacco con grappoli d'uva tra i capelli, mentre in quello granato campeggia il tripode delfico in omaggio ad Apollo, il dio cui fu innalzato in queste contrade un santuario di culto (il Tempio di Apollo Aleo).

I Simboli dello stemma

In origine, il noto artista locale Emilio Frangone non divise lo stemma da lui ideato, in due parti, la divisione fu fatta in seguito. Il primo bianco è comunque sempre a sinistra, con la testa di Bacco al naturale, posta di profilo; il secondo rosso è a destra con il tripode d'oro.

Sotto lo scudo, su lista rossa con le estremità bifide svolazzanti, in caratteri maiuscoli romani in nero vi è sempre la facezia: "Mari Felix Meroque". I colori da lui utilizzati per il fondo richiamano il vestito degli antichi greci-italioti: il bianco ricorda la tunica, il granato il caratteristico mantello.

L'iscrizione, "Mari Felix Meroque" è di Mons. Antonino Terminelli, questo frizzo celebra la ricchezza della zona il cui vanto è costituito dal mare e dal vino. Al vino rimanda anche la figura di Bacco, la cui capigliatura è completamente formata da grappoli d'uva. Il tripode, invece, è un omaggio allo spirito sportivo che animò la cittadina fin dal suo primo sorgere.

IL SIGNIFICATO DEL NOME: KREMISSA
(Crimisa o Cremissa)

Nell'affermazione di Paolo Orsi (archeologo e storico), riecheggia quanto già nel V° secolo d.C. era stato riportato da S. di Bisanzio. Secondo quest'ultimo, Cremissa sarebbe stata una città fondata dagli Enotri (produttori di vino) ed il suo nome deriverebbe dal nome della ninfa omonima.

Fra gli studiosi di storia antica, prevale il fatto che il nome Kremissa proviene dal nome di una giovane e graziosa dea della mitologia greco-romana, appartenente alle divinità femminili dell'Olimpo. Queste divinità davano protezione ai fedeli che popolavano le acque, il mare, i boschi ed i monti.

Le divinità appartenenti alla dea Kremissa, venivano adorate in Grecia e nelle zone ad essa confinanti. I primi gruppi che si stazionarono in questa zona Ionica, adoravano queste divinità e la dea Kremissa era per loro una delle protettrici principali. In seguito, questi popoli, chiamarono il loro nuovo paese di residenza: Kremissa, in onore alla dea che avevano sempre adorato.

LE LUCCIOLE MARINE

Quando fa buio, se si va in riva al mare (*specialmente nella zona del faro*), fra le onde che toccano la sponda del mare, a volte si possono vedere (*ad occhio nudo*), numerosi piccoli pesciolini, che emanano luce fosforescente e che brillano come delle lucciole notturne.

Alla luce del giorno invece, si potrà notare nella stessa sponda del mare, una grande macchia nera nell'acqua marina. Sono gli stessi giovani pesciolini appena nati della sera prima che, in innumerevoli quantità di decine di migliaia nuotano insieme come un solo gruppo. Questi pesciolini sono della famiglia delle sardine e acciughe, lunghi da 2 a 4 cm. *circa*.

L'istinto innato della natura, li spinge per necessità a rifugiarsi presso la riva del mare, fra l'altro per proteggersi dai pesci più grandi che si trovano più al largo.

E' divertente, ed anche facile far spostare l'intero branco di pesciolini da una parte all'altra della riva, basta andare di persona sulla riva del mare ad un lato del gruppo dei pesciolini, fino all'altezza del proprio ombelico, mettersi le mani ai fianchi e far muovere con i piedi un po' di sabbia, liberando così la polvere dai sassolini del fondale, questi pesciolini, mangeranno il contenuto delle sostanze nutritive contenute nella polvere che si è liberata, così facendo, ti seguiranno ovunque tu vada.

LA CEPIA
UN' ANTICA FONTE D'ACQUA, PER MOLTI USI DOMESTICI

La "Cepia" è una vasca rettangolare o rotonda, alta circa 1 metro, costruita con pietre, mattoni, cemento e calce. Veniva riempita con l'acqua che proveniva da un pozzo lì vicino.

Per estrarre l'acqua da questo pozzo, non vi era un motore, ma veniva usato un cavallo da tiro o un asino, legato ad una specie di mulino, in legno e ferro, con un meccanismo rotatorio piazzato sul muretto del pozzo, il mammifero domestico vi circolava intorno, tirando e facendo salire e scendere dal pozzo una serie di secchi, in lamiera zincata, abbinati a questo mulino.

Questo tipo di pozzo veniva chiamato: *la Sena*. Con questo sistema si estraeva in continuazione grandi quantità d'acqua dal fondale del pozzo.

Non tutte le famiglie possedevano una "Cepia" o un pozzo, così che molti vicini di casa ed altri conoscenti, erano soggetti alla generosità dei pochi proprietari di una "Cepia" per poter lavarci, con sapone o pietre di sapone, la propria biancheria. Con il pagamento a Baratto, i vicini di casa potevano ricevere pure dell'acqua potabile per il proprio fabbisogno quotidiano.

La Cepia era un'antico sistema idrico: una vasca d'acqua alimentata da un pozzo. Era un lusso per pochi

LATTE FRESCHISSIMO E ALTRI ALIMENTI A DOMICILIO

Il molti Paesini, del Crotonese specie di montagna, si usa ancor oggi, ma a Cirò Marina sono passati solo pochi anni da che il lattaio veniva a portare il latte fresco a domicilio. La curiosità di questo lattaio, sta nel fatto che era un laborioso contadino che allevava nella propria fattoria diversi ovini, ed il latte che offriva di casa in casa non era confezionato, ma proveniva dalle sue stesse caprette o pecorelle che portava con se per le strade dei centri abitati.

Coloro che volevano comprare il suo latte gli andavano incontro con la propria scodella o recipiente e dopo avergli indicato un ovino di propria scelta, il contadino mungeva il latte dalle mammelle dell'ovino selezionato direttamente nella scodella del cliente, fino a riempirla di spumeggiante latte prezioso ed il più fresco che esiste.

Ancor oggi comunque, diversi contadini non tralasciano queste vecchie e simpatiche tradizioni commerciali, e vendono per le case e strade dei centri abitati del Cirotano, il meglio dei loro prodotti genuini fatti in casa, raccolti agricoli della loro stessa terra o animali domestici allevati in fattoria: frutta e verdura biologica, olive nostrane, noci casarecce, patate Silane, farina di grano selezionato, formaggio fresco, salumi fatti in casa, pane caldo, uova fresche, olio d'oliva puro, vino buono, ed anche animali vivi e macellati che crescono nelle verdi praterie locali: bovini, ovini, suini, galline, conigli…*ecc.*

LA CUCINA CIROTANA

La cucina cirotana si basa esclusivamente su prodotti freschi dell'agricoltura che si coltiva e cresce nella zona stessa e utilizzati appena raccolti o dopo una adeguata maturazione di conservazione ed elaborati in fantasiose ricette. Come vuole la tradizione di quei bei tempi (*quasi*) passati: "una vera massaia cirotana, doveva essere in grado di preparare un qualsiasi piatto ma senza dover comprare o necessitare di alcun ingrediente già pronto".

E' una meraviglia che ancor oggi, vi sono a Cirò e Cirò Marina tante tipiche casalinghe carotane che sono in grado di sfornare pani deliziosi, preparare pasta fresca, insaccare salumi caserecci, preparare olive nostrane, sardella, peperoni salati, svariati dolci e realizzare di loro stessa iniziativa prima la vendemmia e dopo anche del buon vino.

Una delle caratteristiche della cucina cirotana è quella di essere piccante o bruciante (*iuschente*). Nell'ottenere questo effetto, viene fatto uso abbondante e generalizzato di diversi tipi di particolari peperoni in varie forme, misure e colori. Nelle diverse preparazioni questo "peperoncino" (*cancarineddu*), viene, a secondo la ricetta, lasciato per intero, tagliato a pezzi o macinato in polvere.

Per la conservazione in vasi di vetro o di terracotta, al peperoncino viene spesso aggiunto olio d'oliva nostrano. Il peperoncino, oltre ad essere un ortaggio afrodisiaco, a tavola diventa una spezia d'onore, che fa misurare il coraggio di coloro, che, con un simpatico motivo di competizione, vogliono scherzosamente dimostrare la facilità di sopportazione che hanno, mangiando il peperoncino piccantissimo nonostante il disagevole bruciore in bocca che li fa patire.

Questa esotica delizia cirotana, ricca di vitamine e minerali, oltre che diuretico è anche un ottimo digestivo che accompagna uno dei vini più antichi e prelibati al mondo il "Cirò classico D.O.C." nettare del nobile vitigno Gaglioppo.

PESTA FRESCA

TAGLIARINI (i Taddjarini), pasta casereccia (casalura) tagliatelle all'uovo, lunghe ca. 5 cm, viene usata per farci la tipica "pasta e ceci", "pasta e fagioli" o pasta con altri legumi.
CAVATELLI ALLA CIROTANA (i Cavateddi), gnocchetti all'uovo, piatti e arrotolati col pollice della mano, vanno serviti con il sugo di carne preferibilmente Silana e salsa di pomodoro nostrano.
MACCHERONI AL FERRETTO (i Maccarruni a Ferret), bucatini lunghi all'uovo, vanno serviti con sugo di pomodoro nostrano o di pomodoro e carne preferibilmente Silana.

PANE CASERECCIO

FRESE (a Fresa) ciambelle secche, integrali e non, prima di consumarle vanno leggermente bagnate con acqua, per ammorbidirle un po', sono ottime con l'olio d'oliva crudo, poco sale e pomodori freschi nostrani.
PITTA (a Pitta e Casa), ciambella di pane fresco di varie misure.
PITTA CON SARDE (Pitte cu Sarde), sardine o acciughe (alici), maturate sotto peso in un vaso di terracotta

con il pepe rosso macinato e olio d'oliva nostrano.

ORTAGGI E VARI

OLIVE NERE (Olive Ammortate), fritte o in salamoia.

OLIVE VERDI A MOLLO (Olive ammoddu), conservate in acqua salata e semi di finocchio nostrano.

OLIVE VERDI ALLA CALCE (a ra Cavice), lasciate per 24 ore in una salamoia composta da: cenere di legna, calce innocua (alimentare) e acqua potabile ben pulita, dopo essere sciacquate per bene vanno messe a mollo per circa una settimana in questa salamoia, aggiungere sale a secondo il proprio gusto, dopodiché possono essere degustati.

PEPERONI SALATI (Pipi Salati), tipici nostrani, dopo essere stati leggermente incisi, vengono elaborati con poco sale e fatti maturare conservandoli in un vaso di terra cotta (u terzaluro) o di vetro, tenendoli schiacciati con sopra un sotto peso (una pesante pietra).

POMODORI SECCHI (i Pummadori siccati), colti freschi e rossi, tagliati in due, fatti seccare al sole e messi nell'olio d'oliva nostrano con un poco di sale.

MELANZANE NOSTRANE (i Milangjani), tagliate a fette, si depositano in un vaso di terracotta o di vetro ed in ogni strato si aggiunge peperoncino fresco tagliato a fette, aglio a pezzetti e sale. Vanno conservati nel recipiente con sopra un sottopeso, dopo più di un mese sono pronti per la degustazione.

OLIO EXTRA VERGINE D'OLIVA (Odju casaluro), viene prodotto dalle olive colte da alberi cirotani o del circondario, le olive maturate vengono raccolte delicatamente, a mano o con l'ausilio di reti, ma senza farle toccare il suolo della terra. Dopo un selezionamento, le migliori olive vengono usate per la spremitura senza manipolazioni.

SALUMI LOCALI & SILANI FATTI IN CASA:

SOPPRESSATA (a Suppressata e casa).

CAPOCOLLO (Capeccodd e mamma).

SALSICCIA FRESCA O STAGIONATA (Sozizz e Cirò).

N'DUIA Salame calabrese spalmabile, a base di carni suine e peperoncino.

PESCE

SARDELLA (a Sardedda), preparata con Alici ioniche, i Bianchetti nostrani vengono mescolati con peperoncino macinato, dolce o piccante tipico del posto, va aggiunto semi di finocchio selvatico e sale.

SARDE SALATE AL PEPE ROSSO (i Sardi curu Pipi) preparate con Sarde ioniche senza la testa ma con la lisca (a resca), vengono impanate crude con polvere di peperoncino macinato, dolce o piccante tipico del posto, depositate ordinatamente n un vaso di terracotta (u terzaluro) o di vetro, conservate e fatte maturare per alcuni mesi con sopra un sottopeso.

FORMAGGI

PROVOLONE (u Provulune).

RICOTTA AFFUMICATA E STAGIONATA (a Ricotta fumicata).

CACIOCAVALLO (u Putirru), con l'esterno di provola e l'interno di puro burro e fior di latte dei pascoli silani.

DOLCI

FRESELLE DOLCI (i Fresini), ciambelle dolciastre elaborate.

IL SANGUINACCIO (u Sancile), viene preparato con sangue di maiale fresco e liquido, zucchero, cannella e mosto di vino rosso cotto, noci, mandorle, uvetta e scorze d'arancia. Vi sono due variazioni dove si aggiungono: cioccolato liquido o caffè.

NB: Il mondo della medicina tradizionale ed alternativa, mette in dubbio il grado di sterilità, danni di infezioni temporanee o permanenti o addirittura la possibilità di gravi infettività letali, che potrebbe provocare questo prodotto al corpo umano, specialmente se viene preparato in casa e senza il controllo e l'approvazione del Ministero della Sanità. Con questo articolo sul sanguinaccio, l'Autore non vuole incoraggiare nessuno dal farne uso.

Altre specialità cirotane che vale la pena degustare sono:

(i Cipuddizzi) Cipollette selvatiche.   (Pipi e petati) Pepi e patate.   (Pipi e pisci) Pepi e pesci.

(Pipi e olivi) Pepi e olive nere.   (a Pitta ccu maiu) Pane tostato con fiori di sambuco.

(Pruppet e bianchettu) Polpette di bianchetti.   (Pipi salati) Peperoni salati.

(a Sauza) preparato con bucce di fave.   (u Suzu) Carne di maiale grassa.   (i Cipuddizzi) cipollette selvatiche.

IL POMODORO CIROTANO

Questo pomodoro cirotano, cresce sotto il sole, nelle pianure ortifere, circondate da vasti vigneti e frutteti. Il pomodoro diventa maturo e pronto per essere degustato dal 1° al 15 di agosto. E' solamente da 20 anni circa, che il 90% dei pomodori che cresce in questa zona, sono del tipo "Incas", dai cirotani stessi questo pomodoro viene anche chiamato il "39".

Questi pomodori, sono il risultato di una potatura, una fecondazione o l'innesto d'incrocio fra due diversi tipi: il pomodoro "San Marzano" napoletano, che cresce sul pendio del Vesuvio ed il pomodoro "Incas", originario del Perù tropicale, un vegetale esotico coltivato anticamente dagli Indios peruviani e da cui il pomodoro cirotano ne ha ereditato anche il nome.

Il San Marzano fornisce a questo nuovo pomo-d'oro, fra l'altro, la sua forma tipica quasi ovale, mentre l'Incas peruana, aggiunge alla forma una rifinitura più tonda agli angoli ed un sapore più dolciastro, con una massa maggiore di polpa.

Il risultato di questo ibrido cirotano diventa unico, possiede una buccia color rosso intenso, extra sottile e molto tenera, con un nucleo interno di poca ma tenera sementa; il suo contenuto diventa così ricco di polpa carnacea. Il peso di un singolo pomodoro è notevole, ma anche leggero e ben digeribile, molto sostanzioso, rinfrescante e con il giusto grado di sugosa umidità.

Il pomodoro cirotano è adatto sia per l'insalata che per il sugo o salsa di pomodoro, ma anche per essere mangiato da solo, comunque si presta ad essere uno dei migliori pomodori per essere essiccati.

La preparazione casareccia di questi pomodori è la seguente: dopo essere stato lavato e leggermente tagliato ed aperto, viene fatto essiccare per bene, esponendolo al caldo del sole, in seguito viene preparato con poco sale, olio di oliva nostrano, foglie di menta, aglio e conservato umido in un vaso di vetro o di terracotta.

I pomodori secchi cirotani, oltre ad essere una vera delizia, diventano una straordinaria fonte di energia vitalizzante, una sorgente di vitamine ed una ricchezza di minerali naturali, questo si ottiene per natura da una particolare combinazione bio-chimica energetica, un fenomeno della fotosintesi che avviene durante il contatto fra la parte interna del pomodoro tagliato e la potenza contenuta nei raggi del sole che la riscalda.

I piatti di pasta, di carne o di pesce, elaborati con la salse, provenienti dai pomodori freschi Incas cirotani, diventano un sicuro successo di alta gastronomia, per il palato più esigente e raffinato di ogni buongustaio.

UNO DEI LAGHI DELLA SILA

L'ACQUA POTABILE DELLA ZONA

L'acqua è la materia prima più necessaria per l'esistenza della vita umana, animale e vegetale. Nella zona del cirotano vi è una enorme quantità d'acqua potabile sotterranea.

I laghi della Sila, le cascate d'acqua, gli innumerevoli fiumi e ruscelli, i fitti boschi, le verdi praterie d'erba in fiore ed i vasti orizzonti di vigneti che sono circondati da svariati frutteti, offrono giornalmente una tangibile prova di galleggiare, per così dire, su un suolo riccamente idrico. Il sottosuolo ne è così ricco, che, in alcune zone, basta penetrare entro terra, di solo alcuni metri, per ottenere un'eccessiva quantità d'acqua.

Naturalmente, tutto l'intero Patrimonio dell'acqua sotterranea esistente, sia potabile e sia non potabile è di legittima proprietà della Stato Italiano, il quale veglia sulla qualità e diffusione locale. Difatti il possedimento e quindi la realizzazione di pozzi d'acqua (anche nel terreno di proprietà privata), sono assolutamente vietati senza ufficiale autorizzazione Comunale.

I rubinetti dell'acqua potabile nelle case di Cirò Marina, sono direttamente collegati all'impianto idrico, distribuito a pagamento dal Comune. L'acqua Comunale è potabile e quindi può essere bevuta e consumata senza pregiudizio per la salute. Tuttavia, per i neonati, i bimbi e per alcuni malati gravi è sempre consigliabile farla bollire e poi raffreddare prima dell'uso.

L'acqua già confezionata e sigillata nelle bottiglie che si vendono nei negozi e supermercati, offre una vasta scelta di qualità e variazioni sulla provenienza da diverse sorgenti di tutta l'Italia. Tuttavia, nonostante possa essere, un'acqua con potabilità garantita e quindi più sicura, è da tener presente che, l'acqua già confezionata necessita consumarla entro un limite di tempo stabilito, che è indicato sulla bottiglia stessa e che questo limite di tempo indicato potrebbe essere anche inferiore a quello prescritto, nel caso la bottiglia fosse stata esposta al sole o in un luogo umido o poco igienico, cosa che i consumatori non possono verificare.

Vi sono minimo, altre due risorse d'acqua nella zona del cirotano:
▪ Le cosiddette "fonti libere d'acqua" dove si può ricavare per Cirò Marina e dintorni, l'acqua potabile che scorre giorno e notte dalle nostre vallate ai piedi della Sila.
▪ I rubinetti comunali del "Canalicchio" in zona di Vergi (la vecchia <u>106</u>) a Cirò Marina (non sempre è aperto).
▪ Il rubinetto comunali di "Caraconza" lungo la strada <u>S.P. 9</u> per Umbriatico.

UN'ALTRA MANIERA PER OTTENERE L'ACQUA POTABILE
VIENE OFFERTA A DOMICILIO DA DIVERSI CAMION CON CISTERNA

Anche questi fanno uso delle "fonti libere d'acqua", riempiendo le loro gigantesche cisterne di metallo, con circa4000 litri di (come essi affermano) acqua potabile proveniente direttamente dalle limpide fonti Silane.

Comunque è da tenere preziosamente in considerazione che le qui menzionate acque dalle cisterne non vengono generalmente controllate dagli Organi competenti del Ministero della Sanità. Non vogliamo con ciò escludere, la potenzialità dell'ottima potabilità che potrebbe avere quest'acqua, però è di essenziale importanza tener presente che, tutta l'acqua proveniente dalle "fonti libere d'acqua Silane" è esente da regolari controlli e autorizzazioni prescritti dagli Enti che rappresentano il Ministero della Sanità Nazionale.

Legittimamente quindi, ciò che scorre dai ruscelli delle "fonti libere d'acqua" si potrebbe raccogliere e consumare, ma non può essere liberamente commercializzata, distribuita o venduta al pubblico.

Al riguardo, la tolleranza della Forze dell'Ordine (che cooperano per la salvaguardia della salute del cittadino), potrebbero intervenire (come hanno già fatto), sequestrando l'intero automezzo con cisterna ed emanando sanzioni e multe, questo per favorire il benessere dell'individuo contro ogni spaccio di lotti d'acqua contenenti possibili quantità microbiologiche dubbiosamente nocive per la salute del consumatore.

Naturalmente, entro i parametri stabiliti dalla legge, è aperta ai commercianti, la possibilità di legalizzare ogni lotto di acqua da vendere. Un analisi ufficiale presso un Laboratorio chimico ambientale riconosciuto, dura circa otto giorni, (durante questi otto giorni l'acqua non si può presentare al pubblico); dopodiché (salvo disapprovazione o negatività), si potrebbe far richiesta di commercializzazione. Inoltre necessita l'idoneità del veicolo e della cisterna.

Questo, oltre alla stato del suo contenuto, include un'accurata verifica e approvazione Legale sulle norme igieniche e sullo stato meccanico dell'automezzo e della sicurezza omo-igienica della cisterna e della qualità di manutenzione periodica di pulizia, tenendo in considerazione le importanti precauzioni igieniche, che rendono idonee l'estrazione dell'acqua dalla cisterna al momento stesso del suo versamento mentre è in contatto con i vari recipienti (bottiglie, bidoni ecc.) degli acquirenti stessi.

UNA DELLE TANTE ZONE NEL PARCO
NATURALE DELLA SILA

Una delle tante cascate della Sila

Troppo spesso è stato constatato che la punta della canna tubarica della cisterna (il rubinetto), viene quasi sempre calata dentro l'apertura in tutti i tipi di contenitori che portano gli stessi acquirenti-clienti dell'acqua, l'acqua viene fatta versare da un recipiente all'altro in continuazione, ma senza mai aver potuto constatare che, ogni tanto, la punta della canna tubarica della cisterna venisse disinfettata o pulita.

Nel caso quindi, che alcuni di questi contenitori, specie le loro aperture, non fossero ben puliti o igienizzati, potrebbero sicuramente trasmettere le loro eventuali impurità infettive a tutti gli altri contenitori, con conseguenze pericolose per la salute dell'intera collettività, specialmente per i bimbi, i più deboli ed i malati (epidemia).

E' una tangibile realtà, che la struttura metallica e le fessure che isolano la cisterna, rendono possibile una data limitata per la conservazione igienica dell'acqua, questo tempo è limitato a solo tre giorni da che è stata prelevata dalle fonti libere d'acqua della Sila.

Dal quarto giorno in poi, quindi, quest'acqua perde la sua freschezza ed i suoi valori vitali; specialmente se questo lotto d'acqua, non è accompagnato da un certificato di analisi chimiche, che ne garantisce una data superiore di conservazione, in quella cisterna.

Parco naturale della Sila

Nonostante quanto sopra menzionato, francamente è stato pure constatato, che una vasta parte della popolazione locale e turistica è a favore della distribuzione a domicilio dell'acqua potabile attraverso questi automezzi con cisterne (una necessità, che è quasi divenuta una vecchia tradizione).

L'amministrazione Comunale, ha già preso in seria considerazione questo tipo di commercio, e ha idealizzato un sistema ben studiato ed igienicamente sicuro al fine di legalizzare la possibilità della vendita al pubblico di questa (salutare) materia liquida (l'acqua potabile delle fonti Silane); spetta ora ai commercianti fare richiesta presso il Comune, così che l'acqua locale, che è di primaria necessità per la vita ed il sostentamento di tutti, possa arrivare dalla fonte al consumatore, pura, limpida e fresca, come Madre natura l'ha creata.

CIRO' IL VINO D.O.C.

Il vino di Cirò è sempre più conosciuto in Italia e all'estero, come pure nei migliori libri di vini, fra gli intenditori e i buongustai. Come dalla sua origine, il Cirò è noto come un Classico rosso e viene prodotto dalle uve vinose e selezionate del nobile vitigno "Gaglioppo", mentre la creazione del Cirò bianco, viene prodotto dall'antico vitigno "greco bianco" originale.

Queste due varietà di vite sono quasi introvabili in altri vigneti d'Italia. É solo in questa piccola vallata in fiore, lungo la costa del mar Ionio mediterraneo che circonda il paesino di Cirò Marina, che i pochi viticoltori del Gaglioppo possono scrivere sull'etichetta del loro vino rosso "Classico" e "D.O.C".

Da uva a mosto

Durante il processo di vinificazione, dopo che l'uva viene dolcemente pigiata e sofficemente spremuta, si procede con una fermentazione fredda "termo regolata". Questo significa, che le bucce degli acini ed i chicchi d'uva già pigiata, vengono tolti dal futuro "mosto" ancor prima dell'inizio della fase di fermentazione (trasformazione del succo in mosto).

Per ottenere un buon rosato, gli acini d'uva pigiata vengono tolti dopo circa 24 ore; mentre per ottenere un buon rosso o bianco, gli acini d'uva pigiata vengono tolti dopo circa 36 ore.

Il vino Cirò, il biglietto da visita italiano

Molti libri storici e moderni, riferiscono che il vino di Cirò, nei secoli scorsi come anche al presente, ha portato allegria ad una infinità di banchetti festosi, dai potenti greci dell'antichità agli imperatori romani, dai re e regine ai sovrani, facendo gioire così i più ricchi ed esperti conoscitori di vino dell'intera terra.

Il giornale "Il Quotidiano" del 20 ottobre 2000 pag. 25, in un articolo scrisse: "Fu il vino Cirò Classico Superiore, che il Governo italiano, con zelo e fiducia, presentò ed offrì alla Casa Reale d'Inghilterra, alla Regina ed al suo Principe, durante il lussuoso pranzo, offerto loro durante la visita cerimoniale in Italia".

Anche la Santa Sede della Chiesa Vaticana Romana, fa regolarmente pervenire il vino di Cirò, sia quello Classico e Riserva come anche quello di qualità Biologica.

Qualità & Quantità

Al presente, la quantità del vino di Cirò, si trova ad un livello di produzione limitata, mentre, il climax della sua qualità, si trova ancor oggi, come nell'antichità, al posto più preminente che si merita, non per niente molti intenditori ne fanno riferimento chiamandolo "il nettare d'uva pregiata".

Il vino Cirò, ha quindi dimostrato di essere una lettera di raccomandazione di altissimo valore in molte occasioni piacevoli e festose, favorito ad ogni opportunità, per un sicuro e geniale successo.

LA TERRA DI UN ANTICO VINO

Nella parte del sud d'Europa, nel più remoto angolo dello stivale italico, incontriamo il pittoresco panorama della bella Calabria, chiamata nell'antichità la "Magna Grecia" (la Grande Grecia).Già nei secoli a.C. il nome "Italia" si addiceva originalmente alla Calabria e dintorni, la "Terra Rocciosa", dove risiedevano gli Itali (i pastori dei vitelli).

La Calabria è anche la terra dove visse lo scienziato, filosofo, matematico, medico e musicista del VI° secolo a.C. Pitagora (*Samo 575 ca. - Metaponto 490 ca. a.C.*). Anche l'attuale "Calendario Gregoriano " fu idealizzato nel 1852 d.C. dal calabrese di Cirò, Luigi Lilio, professore in astronomia.

Un prodotto prelibato

In questo luogo, fra enormi alberi di bosco e verdeggianti praterie esposte al sole, si presenta una terra promessa, ricca di fonti d'acqua pura e zampillante. Una zona circondata da un piacevole mare cristallino d'acqua azzurra e chiara, con gigantesche coste marine che accarezzano numerose lagune, di sabbia fine e dorata su larghe e lunghe spiagge.

In questo paese lontano è colmo di contrasti, anche stagionali, di montagne, colline e fertili terreni dove scorre latte e miele biologicamente in abbondanza, in questo misterioso panorama naturale, si produce uno dei vini più prelibati al mondo, il classico D.O.C. di Cirò.

L'antico vino dei vini

La storia dell'antica viticoltura cirotana ci riporta alla vita dei popoli più remoti, ai Fenici ed Etruschi, così che il vino di Cirò, si può classificare fra i vini più antichi del mondo.

Molti secoli prima dell'impero romano, questo distretto, fu chiamato dagli antichi greci "Enotria" (Paese del vino) la terra del vino, una delle preferite dal mitico Bacco "il dio del vino". Ancora oggi, la preferenza dei vini calabresi, viene data principalmente a quest'antica zona del cirotano e quindi al vino, e in particolare, al rosso di Cirò, il tradizionale classico D.O.C.

Uno dei vini fra i migliori al mondo

La viticoltura ancor oggi esistente a Cirò, viene tradizionalmente prodotta artigianalmente, con l'obiettivo di ottenerne un prodotto puro e sano.

Il risultato di questo trattamento manuale, di grande precisione e pazienza, è l'ottenere un vino strabiliante, altamente valutato come uno dei migliori d'Italia e nel mondo, specialmente se si presenta come il "Cirò Classico Riserva" che è la prelibata conseguenza di combinazioni tra doti artigiane, un nettare d'uva pregiata e un vino pazientemente ben invecchiato.

Cirò il vino degli dei e dei Gladiatori

La poderosa nazione e civiltà greca del mediterraneo orientale si espandeva nei secoli a.C. come quinta "Potenza Mondiale" della storia. Gli atleti, vincitori dei giochi olimpici (la Classica Olimpiade), come premio e reverenza, ricevevano da bere il vino rosso di Cirò portato alle Olimpiadi dei tempi antichi da una delegazione proveniente da Cirò (l'antica Cremissa).

Ancor oggi questa tradizione cirotana è una realtà, è non solo agli atleti italiani che partecipano alle moderne olimpiadi mondiali, ma a tutti i rappresentanti delle nazioni lì presenti, la Delegazione Comunale di Cirò e Cirò Marina, offre da bere questo succo divino degli dei dell'antica Magna Grecia, il vino di Cirò.

Questo vino, è ancor oggi, lo stesso vino dell'uva "Gaglioppo", che agli antichi gladiatori, dava generosamente più forza, più energia e ancor più potenza vitale.

INTERVISTA AD UN VITICOLTORE

Egli rivela la qualità del suo vino, nascosta dietro al suo nome!
Già dalla più remota antichità di diversi secoli or sono, la dinastia dell'anonimo viticoltore di Cirò (così desidera esser chiamato), vanta l'onore di una pregiata viticoltura tradizionalmente elaborata nell'arte creativa di ottenerne un sano prodotto artigianale.
Iniziò con il solo obiettivo di produrre un unico e vero vino, usato solamente per il consumo nella sua cerchia familiare e fra amici.

L'inizio dell'attuale risultato

Le precedenti generazioni di questo viticoltore, furono fra i pionieri, che elaborarono i vitigni in queste vergini terre di madre natura, fra le più fertili praterie dell'antica "Magna Grecia" di Cirò. Nel corso del 1900, vi piantò una triade di vitigni di diversi tipi. In seguito, visto la crescente e ampia richiesta di intenditori, il suo obiettivo non fu solo quello di berlo in famiglia ed in compagnia, ma in particolare, anche per commerciarlo.

Così, da una generazione all'altra di vignaioli che si susseguirono in famiglia, si iniziò a vendere il vino, si il vino fatto in casa. I mercanti nazionali e conoscitori del buon vino biologico, potettero così far degustare ai loro clienti il nettare miracoloso di questa nobile uva che secondo la mitologia classica diventò una delle vere "bevande degli dei".

I vigneti furono piantati fra l'altro, intorno alle rovine dell'antico tempio greco di Apollo Aleo, situato in Contrada Martà e Difesa Piana lungo il meraviglioso mar Ionio, confinante con la zona nord del paesino di Cirò Marina.

La casa vinicola

Nella periferia a sud del viticolo paesetto di Cirò Marina, vicino al trasparente mare (annualmente premiato con la Bandiera Blu), troviamo la "Casa vinicola" della famiglia del viticoltore. I suoi legittimi eredi, con le loro mogli e figli, provvedono diligentemente per l'intera andatura della ormai divenuta ditta "la Cantina"; così che, dal processo di produzione ed imbottigliamento, fino alla spedizione e distribuzione, ogni passo venga realizzato con molta efficacia e precisione, sia per il territorio nazionale che per quello internazionale.

Ancor oggi si veglia sulla qualità

Con grande cura e professionalità, il padrone viticoltore veglia i suoi ettari di vigneti tutti distesi ad "alberello" (cioè nella forma di coltivazione più esposta al sole) e situati nella verdeggiante pianura solare di Cirò, piantati sparsamente nella zona sud del Feudo ed alcuni anche nella zona del Brisi.

Questo fecondo e ricco terreno è un particolare suolo adattissimo per vigneti. E' una terra che viene intensamente accarezzata da un clima del tipo tropicale, molto adatto per la crescita del viticcio tipico cirotano, primariamente per la rarissima uva "Gaglioppo" e poi anche il pregiato Piedolongo, Greco Bianco, Greco Rosso e per altri tipi di nobili uveti.

Il "Cirò Classico" D.O.C. si ottiene esclusivamente dalla nobile uva "Gaglioppo", mentre dalle altre uve qui menzionate, ed assolutamente non meno prelibate, si ottiene un prezioso vino da tavola D.O.S. (Denominazione di Origine Semplice) ma di alta qualità.

Il viticoltore riesce così a produrre diverse tonnellate del delizioso vino Cirò di qualità D.O.C. e D.O.S., selezionando, fra l'altro, i migliori grappoli della vendemmia, realizzando così un vino che rallegra l'animo ed il cuore dei bevitori, un vino che è spesso soprannominato "l'elisir della salutare longevità".

Si lavora solo per la qualità

Esattamente come facevano i suoi bisnonni, il "maestro viticoltore" durante i processi di coltivazione dei suoi vitigni, tratta esclusivamente concimi naturali, usando tecniche ben studiate e provate da anni di esperienza avuta nell'agricoltura. Il risultato della sua professionalità gli fa ottenere un suolo bilanciato, adatto e con la giusta composizione di tessitura franco argillosa e sabbiosa, il giusto valore di pH con una buona dose di calcare attivo ed un'ottima quantità di sostanze organiche. Nelle analisi sensoriali, la scheda del suo vino, rispecchia l'evidenza di un vino spettacolarmente divino per quanto discernere la sua gradazione alcolica, l'acidità fissa, la persistenza gusto-olfattiva ed i riflessi violacei.

Come un caro padre fa verso i suoi figli, il viticoltore cirotano insegna questi "trucchi professionali" ad i suoi intimi collaboratori, esortandoli ad affidarsi premurosamente ad essi, con l'obiettivo di ottenere una vinificazione naturale e senza alcuna sostanza chimica nociva che possa alterarne, anche minimamente la qualità. Tutto questo, al fine di ottenere il raggiungimento di un elegante e salutare vino, il vero Cirò, tipico casereccio del miglior tipo "D.O.T.C.C." (Denominazione di Origine e Trattamento Controllato e ben Curato). I suoi segreti, sono fra l'altro: il selezionamento nell'usare esclusivamente le migliori uve, una buona igiene, la giusta temperatura, l'esatto calcolo di tempo per un processo di fermentazione e la purezza durante la vinificazione. Queste formule formano alcuni dei segreti che garantiscono il raggiungimento di una pregiata ed introvabile creazione da cui si identifica il vino di questo particolare viticoltore del Cirò.

Il risultato finale

Nella sua totalità, possiamo francamente concludere che, la professionalità di questa casa vinicola, per quanto riguarda le virtù qualitative, di purezza e di gusto, si trovano tutte ad un livello altamente elevato. Concludendo quindi, possiamo confermare che, il tempo e l'esperienza, il prodotto ed il risultato ottenuto da questo vignaiolo e vinaio puramente artigiano, ha dimostrato di essere un'eccellente Organizzazione dietro un Onorevole Nome, realizzando un prodotto di gran lusso e di inestimabile ed apprezzabile pregio. Queste sono principalmente, le vere e sicure garanzie della sua qualità: il buon vino ed il Nome del Produttore, dietro il suo proprio Vino, il Cirò.

BASILICATA
Golfo di Policastro
Praia a Mare
Scalea
Diamante
Capo Bonifati
N O E S
Paola
Cosenza
Mare Tirreno
Amantea
Falerna Marina
Lamezia Terme
Golfo Sant'Eufemia
Pizzo
Zambrone
Tropea
Stromboli
Ricadi
Nicotera Marina
Isole Eolie
Golfo di Gioia
Lipari
Gioia Tauro
Palmi
Messina
Scilla
Villa S. Giov.
SICILIA
Stretto di Messina
Reggio Calabria
Melito di Porto Salvo
Castrovillari
Parco Nazionale del Pollino
Cassano allo Jonio
Sibari
Schiavonea
Corigliano
Rossano
Sila Greca
Lago Cecita
Sila Grande
Lago Arvo
Parco Nazionale della Calabria
Lago Ampollino
Sila Piccola
Rogliano
Nocera Terinese
Cropani
Catanzaro
Pianopoli
Vibo Valentia
Le Serre
S. Caterina J.
Guardavalle
Caulonia
Gerace
Sidemo
Locri
Parco Nazionale dell'Aspromonte
Bovalino
Capo Spartivento
Roseto
Capo Spulico
Trebisacce
Golfo di Corigliano
Cariati
Punta Alice
Cirò Marina
Crotone
Isola di Capo Rizzuto
Capo Colonna
Capo Rizzuto
Le Castella
Catanzaro Marina
Golfo di Squillace
Soverato
Punta Stilo
Gioiosa Jonica
Brancaleone Marina
Mare Jonio
Mare Jonio
Catena Costiera

PROF. NICODEMO FRANCESCO FILIPPELLI

Nato a Cirò Marina (Kr) il 3 maggio 1946. Professore e laureato in Lettere, Filosofia e Scienze politiche, Senatore della Repubblica Italiana. Sposato con Eugenia Russo (*Insegnante*) ed ha tre figli (Dino, Vincenzo ed Annalisa).

Era giovanissimo quando iniziò il cammino verso la politica, partecipando con il partito del D.C. dove di seguito ha ricoperto vari incarichi a livello Provinciale e Regionale.

Fu nel 1968 quando per la prima volta fu eletto Consigliere Comunale di Cirò Marina, questo incarico di privilegio e responsabilità gli fu talvolta riconfermato, ottenendo sempre il massimo dei consensi elettorali. All'interno di questo Consiglio Comunale ha ricoperto da subito varie cariche, prima come Assessore anziano, poi di Vice Sindaco e poi per ben 4 volte Sindaco di Cirò Marina.

Dal 1985 al 1995 fu eletto Consigliere Provinciale per due volte, ricoprendo l'incarico di Capo Gruppo Consiliare e di Assessore ai Compiti Istituzionali ed alle Attività Produttive. Da Assessore Provinciale, ha seguito da vicino l'iter delle procedure relativo alle Istituzioni delle due Province di Crotone e Vibo ed ha rappresentato la Provincia di Catanzaro nell'apposito Comitato delle sette Province della Calabria.

Ha presieduto la prima commissione di "Politica Istituzionale dell'Unione Provinciale Calabrese" ed anche la Commissione "Statuto". Nel 1995 è stato eletto in seno al consiglio Regionale della Calabria. Ha ricoperto la carica di Presidente della "Commissione Sviluppo Economico, Programmazione e Bilancio".

Nel 1997 e 1998 fu nominato Assessore all'assetto del territorio Calabrese, "all'Urbanistica, alla Forestazione, alla Protezione Civile" ed al "Patrimonio dei Parchi".

Nel 1998 fu "Delegato ai Trasporti" e nel 1999 ha ricoperto la carica di Vice Presidente del "Consiglio Regionale della Calabria". Presentò numerosi disegni di Legge.

Ha il merito di aver istituito nella Provincia di Crotone: l'Ufficio della Protezione Civile, l'Ufficio AFOR

(*Azienda Forestale*), ed il coordinamento Provinciale del Corpo Forestale dello Stato Italiano. Ancor oggi, è notevole l'enorme impegno amministrativo a favore della propria Provincia e dell'intera Calabria. Candidatosi alle Elezioni Regionali, nell'aprile del 2000 è stato in assoluto il più votato nella Provincia di Crotone con oltre 8600 voti di preferenza, con questa cifra in proporzione nazionale fu anche il più votato in Italia.

Nel 2003 è stato "Segretario Regionale del'U.D.E.U.R.". Nel maggio del 2001 fu rieletto "Sindaco di Cirò Marina" e fu eletto contemporaneamente anche "Senatore della Repubblica". Durante le elezioni, come candidato per il Parlamento del Senato a Roma, ottenne una maggioranza di voti in quasi tutti i Comuni del Crotonese, come ad esempio: 9774 a Crotone, 3133 a Cirò Marina e 581 a Cirò, con un totale di 43665 voti in tutto il Crotonese, pari al 42,5% dei risultati.

Dal 2001 è stato Membro del Direttivo "Margherita" (DL – L'Ulivo); Membro e Segretario della 4a "Commissione Permanente (*Difesa*)" e Membro della "Giunta Affari Comunità Europee". E' comparente nella Commissione Bicamerale di Inchiesta sui Rifiuti e sulle Attività Criminali Connesse.

Nicodemo Filippelli, ha tangibilmente dimostrato di essere un uomo di polso, con un forte e piacevole carattere, con energia morale, determinato nell'agire, usando sempre passione ed intelligenza razionale verso gli impegni necessari che si è procinto di realizzare per il benessere del proprio paese.

Con tenacia e risolutezza (*la realtà ne è testimone*), ha raggiunto e raggiungerà ancora obiettivi e traguardi che possono e devono migliorare l'infrastruttura del territorio cirotano, regionale ed anche quello nazionale, al fine di ottenerne reali miglioramenti, vantaggi sociali ed economici a favore di ogni ceto costituzionale nella società dell'attuale popolazione e delle loro future generazioni.

Presentandosi con umiltà ed onestà verso chiunque, egli ha sempre percorso i più difficili ed indispensabili tragitti, con gli ostacoli in essi contenuti, sormontandoli con successo, usando rettitudine e coraggio nonostante tutte le loro eventuali connesse difficoltà.

Ogni giorno, già precedente al quel lontano 1968 da quando iniziò il suo impegno, Filippelli continua a dar prova di possedere grande vigore intellettuale e fisico, impiegandosi zelantemente e svolgendo il suo lavoro con intensità e saggezza specialmente a favore e sostegno delle persone meno fortunate.

Per egli, la sua esperienza è una pagina di vita, per la collettività di Cirò Marina invece, ancor tutt'oggi, è la sicura dimostrazione di possedere un dono, l'evidenza di un forte baluardo e la presenza di un fondamento solido e sicuro per tutta la Comunità sociale. Per quanto in suo potere, la sua positiva influenza nelle Amministrazioni Comunali è tangibilmente visibile nei risultati che si manifestano in una Cirò Marina moderna e ordinata, una città che progredisce e che è fiorente in ogni sezione delle sue attività.

IN BREVE
Mandati - XIV Legislatura Senato Incarichi e uffici ricoperti nella Legislatura:
Gruppo Margherita: Membro dal 30 maggio 2001 al 26 marzo 2002 (dal 12 giugno 2001 il Gruppo assume la denominazione Margherita - DL - L'Ulivo).
Componente del Comitato Direttivo dal 27 marzo 2002 al 25 giugno 2002.
Gruppo Misto: Membro dal 26 giugno 2002 al 27 aprile 2006 (Udeur-PE) (dal 22 novembre 2003 la componente assume la denominazione AP-Udeur) (dal 1 settembre 2004 la componente assume la denominazione Pop-Udeur).
4ª Commissione permanente (Difesa): Membro dal 22 giugno 2001 al 25 giugno 2001.
Segretario dal 26 giugno 2001 al 6 ottobre 2003.
Segretario dal 7 ottobre 2003 al 27 aprile 2006.
Giunta per gli affari delle Comunità Europee: Membro dal 22 giugno 2001 al 6 ottobre 2003.
Comitato parlamentare per i procedimenti di accusa: Membro sostituto dal 2 ottobre 2002 al 27 aprile 2006.
Commissione parlamentare di inchiesta sul ciclo dei rifiuti e sulle attività illecite ad esso connesse: Membro dall'8 febbraio 2002 al 27 aprile 2006.
Commissione parlamentare d'inchiesta sull'affare Telekom-Serbia: Membro dal 19 marzo 2003 al 18 settembre 2003.
www.senato.it/leg/14/BGT/Schede/Attsen/00017615.htm

PROF. ANTONIO LUIGI RUGGIERO

Figlio di Nicodemo Ruggiero e Filomena Parrotta,*(terzo di undici figli)*.
E' nato a Cirò Marina (Kr) l'8 ottobre 1952. Sposato con Ilva Bastone ed ha quattro figli.
Professore e Docente presso le scuole Elementari.

Nel 1976, nel 1985 e nel 1990 è stato Consigliere Comunale di Cirò Marina, dopodiché, fu dalla maggioranza ampiamente votato per coprire il Seggio come Sindaco di Cirò Marina. E' stato Segretario della "F.I.G.C.", Segretario del "P.C.I.", Segretario del "P.D.S." e Segretario "dell'A.N.S.P.I. Calabria". Attivo come Componente e Consigliere presso la Direzione di numerose Associazioni locali, Provinciali e Regionali.

Svolge le funzioni di Responsabile Amministrativo, presso le Scuole Elementari di Cirò Marina.
Nel 2001 ricoprì l'incarico di Vice Sindaco di Cirò Marina in stretta collaborazione con il Senatore della Repubblica Italiana e Sindaco Nicodemo Filippelli.

Luigi Ruggiero ha dimostrato di essere una persona altamente qualificata, saggia e premurosa, gentile ed umilmente affabile, sempre pronto e gioiosamente propenso nell'aiutare i cittadini che gli chiedono consigli ed un aiuto di qualsiasi genere.

Ha pubblicato una collezione di meravigliose silloge poetiche, come ad esempio nel 1988 dal titolo: "*Un cuore che canta*"; nel 1999 dal titolo: "*Noi*"; nel 2000 dal titolo: "*Dal terrazzo dell'esistenza*" e nel 2002 dal titolo: "*Riverbio*".
www.cirol.it/l.ruggiero/

AVV. ERNESTO GIOVANNI FORTUNATO

Avvocato ed esponente politico di spicco del nuovo PSI e capogruppo consiliare dell'opposizione. Nacque a Cirò (Kr) il 4 settembre 1944. L'avvocato Ernesto Giovanni Fortunato provenne da una illustre famiglia di studiosi e di politici. Alle sue spalle ha avuto una lunga e prestigiosa carriera professionale e politica.

La sua disposizione naturale verso la giurisprudenza, le discipline letterarie, la politica e l'oratoria, si rafforzò, negli anni della gioventù, grazie agli insegnamenti del bisnonno, del nonno e del padre, uomini e giureconsulti di grande cultura, che attinsero largamente alle fonti del sapere e agli ideali del socialismo. Sia il nonno (notaio) che il padre (avvocato) furono investiti, per lungo tempo, della funzione di Sindaco di Cirò, forti di un largo consenso popolare e della loro coerenza politica.

Non tradirono mai, infatti, l'ideologia socialista. Allo stesso modo, l'avvocato Ernesto Giovanni Fortunato, fu iscritto all'albo professionale dal 1971, è stato, sin da giovanissimo, sempre dirigente socialista, prima nel Partito Socialista Italiano e, poi nel Nuovo PSI.

Nel 2003, fu capogruppo consiliare dell'opposizione; ricoprì le cariche di segretario politico della sezione di Cirò Marina, di componente della segreteria provinciale e di componente degli organismi regionali e nazionali del Nuovo PSI. Svolse, inoltre, l'incarico di direttore amministrativo dell'ATERP (Azienda territoriale per l'edilizia residenziale pubblica) di Crotone, con ottimi risultati economici e pratici.

D'altronde, - com'è noto – negli anni in cui rivestì la carica di presidente dell'ex USL (ASL) 14 di Cirò Marina, Fortunato diede ampia dimostrazione delle sue capacità manageriali, creando un'infinità di posti di lavoro; chiudendo gli esercizi finanziari in attivo o in pareggio per tutti i dieci anni della sua gestione (stabilì un vero e proprio primato in Italia); realizzando la costruzione del Presidio polispecialistico di Cirò Marina e di una rete di assistenza territoriale, nonché promovendo un'intesa attività nel campo della prevenzione.

Avv. Ernesto Giovanni
Fortunato

Questi risultati furono evidenziati dalla Corte dei Conti e dalla stampa locale e nazionale, che non mancarono di segnalare l'USL 14 come esempio di corretta gestione amministrativa e della possibilità di amministrare bene "anche" il settore sanitario. Scendendo nei dettagli dei suoi incarichi istituzionali e delle sue esperienze manageriali, ricordiamo che l'avvocato Fortunato è stato Consigliere comunale ininterrottamente dal 1974 al 1992 e dal giugno del 1999 ad oggi (2003), nella veste (che gli è consueta) di Capogruppo consiliare.

Ha ricoperto, in più circostanze, la carica di Assessore comunale alla cultura; è stato Consigliere di amministrazione dell'Ospedale "San Giovanni di Dio" di Crotone, dal 1977 al 1980 e – come detto – Presidente dell'USL 14, ininterrottamente dal 1981 al 1991.

Infine, per completare il quadro appena tratteggiato, che ritrae una persona colta, forte e coerente, va sottolineato che l'avvocato Fortunato ha sempre avuto il culto dell'onestà, che egli visse del suo onesto lavoro e, perciò, rifuggì dalle prebende politiche; nondimeno, possiamo aggiungere che fu un grande e brillante oratore.

I SINDACI E VICE SINDACI DEL COMUNE DI CIRO' MARINA DAL 1952
Decreto Presidente della Repubblica 14 marzo 1952, n. 195:
"Erezione del Comune autonomo della frazione Cirò Marina (Catanzaro)"

1° Fazio Fortunato (Avv. Manlio Pignatari) 10/11/1952 - 16/2/1954 (Francesco Dottore).
2° Basile Carmine (Anania E., Gallello G. e Malena M.) 16/2/1954 - 3/7/1961.
3° Avv. Pugliese Corrado (Porti Diego) 3/7/1961 - 21/6/1966.
4° Mingrone Alfonso (Romeo Caparra Salvatore) 21/6/1966 – 8/11/1968.
5° Dott. Nunzio Musumeci (Commissario Prefettizio) 8/11/1968 – 21/7/1969.

6° Dott. Malena Giuseppe (non nominato) 21/7/1969 - 16/10/1969.
7° Geom. Vitteti Domenico (Dott. Spatafora Giuseppe) 16/10/1969 – 6/6/1972.
8° Dott. Spatafora Giuseppe (Filippelli Nicodemo) 6/6/1972 – 2/12/1973.
9° Dott. Nunzio Musumeci (Commissario Prefettizio) 2/11/1973 – 20/02/1975.
10° Dott. Filippelli Nicodemo (Ierise A. Francesco) 20/2/1975 – 20/1/1978.
11° Geom. Vitteti Domenico (Strancia Giuseppe) 21/1/1978 – 17/3/1979.
12° Dott. Filippelli Nicodemo (Leto Giuseppe) 17/3/1979 – 17/4/1980.
13° Leto Giuseppe (Gallella Gaetano) 17/4/1980 - 13/8/1980.
14° Baffa Umberto (Strancia Giuseppe) 13/8/1980 - 26/1/1984.
15° Ierise Francesco (Strancia Giuseppe) 26/1/1984 - 2/7/1985.
16° Avv. Pugliese Corrado (Zito Vittorio) 2/7/1985 - 30/7/1986.
17° Geom. Malena Raffaele (Zito Vittorio) 30/7/1986 - 31/5/1988.
18° Dott. Russo Giuseppe (Calabretta N. e Russano N.) 31/5/1988 - 20/10/1989.
19° Avv. Pugliese Corrado (Strancia Giuseppe) 20/10/1989 – 5/6/1990.
20° Ruggiero Antonio Luigi (Morise Vincenzo) 5/6/1990 - 16/1/1993.
21° Prof. Filippelli Nicodemo (Murano F. Giovanni) 16/1/1993 - 22/4/1995.
22° Dott. Astorino Giuseppe (Russano Nicodemo) 23/4/1995 – 12/6/1999.
23° Dott. Facente Antonio Domenico (Anania Francesco) 13/6/1999 – 29/12/2000.
24° Dott. Cupido Francesco (Comm. Pref.) (Sub Comm.: D. Campagna) 29/12/2000 - 14/5/2001.
25° Dott. Fusaro Rosario (Commissario Straordinario) 20/2/2001 - 13/5/2001.
26° Prof. Filippelli Nicodemo (Ruggiero A. Luigi) 15/5/2001 – 29/5/2006
27° Dr. Nicodemo Parrilla (Giuseppe Russo) 30/5/2006 – 16/5/2011.
28° Roberto Siciliani (Ferdinando Amoruso) 16/5/2011 – 23/10/2015.
29° Mariani Massimo (Comm. Pref.) 23/10/2015 – 05/06/2016.
30° Dr. Nicodemo Parrilla 22/06/2016.

Cirò Marina, P/M. UFFICIO di Segreteria

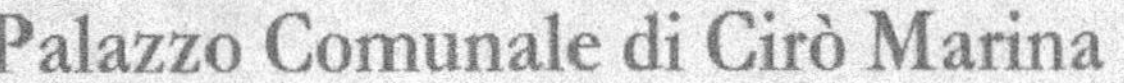

Palazzo Comunale di Cirò Marina   Aula Consiliare del Comune

CIRÒ MARINA COMUNE AUTONOMO

1384   9–4–1952 - GAZZETTA UFFICIALE DELLA REPUBBLICA ITALIANA - N. 85
DECRETO DEL PRESIDENTE DELLA REPUBBLICA
14 marzo 1952, n. 195
Erezione in Comune autonomo della frazione Cirò Marina (Catanzaro).

IL PRESIDENTE DELLA REPUBBLICA

Viste le istanze in data 16 febbraio 1947 e 18 novembre 1951, con le quali la maggioranza dei contribuenti della frazione Cirò Marina del comune di Cirò ha chiesto che la frazione medesima sia distaccata dal comune di Cirò e costituita in Comune autonomo con capoluogo e denominazione Cirò marina;

Visti i pareri espressi in merito dalla Deputazione provinciale di Catanzaro, con deliberazioni in data 15 febbraio 1946, n. 120, e 5 dicembre 1951, n. 1430, e dall'Amministrazione comunale di Cirò, con deliberazioni 26 marzo 1946, n. 84, della Giunta municipale, e 31 dicembre 1951, n. 3, del Consiglio comunale;

Udito il parere del Consiglio di Stato;

Visti gli articoli 33 e 35 del testo unico della legge comunale e provinciale, approvato con regio decreto 3 marzo 1934, n. 383; - Sulla proposta del Ministero per l'interno;

Decreta:

Art. 1. La frazione Cirò Marina è distaccata dal comune di Cirò ed eretta in Comune autonomo con capoluogo e denominazione Cirò Marina e con la circoscrizione territoriale risultante dalla pianta planimetrica e dalla relazione descritta dei confini annesse al presente decreto.

Art. 2. Il Prefetto di Catanzaro, sentita la Giunta provinciale amministrativa, provvederà al regolamento dei rapporti patrimoniali e finanziari tra i Comuni interessati, nonché alla ripartizione tra gli stessi, previo parere delle rispettive Amministrazioni, del personale attualmente in servizio presso il comune di Cirò.

E' fatto salvo l'esercizio successivo da parte dei Comuni predetti della facoltà di revisione degli organici secondo le norme di cui al decreto legislativo luogotenenziale 18 gennaio 1945, n. 48, e con l'osservanza, per quanto concerne il trattamento economico, delle disposizioni contenute nell'art. 228 del testo unico 3 marzo 1934, n. 383, della legge comunale e provinciale.

Al personale in servizio presso il comune di Cirò, che sarà inquadrato nei nuovi organici, sarà mantenuto ad personam il trattamento economico fruito all'atto dell'inquadramento.

Il presente decreto, munito di sigillo dello Stato, sarà inserto nella Raccolta ufficiale delle leggi e dei decreti della Repubblica Italiana. E' fatto obbligo a chiunque spetti di osservarlo e di farlo osservare.

Dato a Roma, addì 14 marzo 1952

SCELBA – EINAUDI - Visto, il Guardasigilli: ZOLI - Registrato alla Corte dei conti, addì 5 aprile 1952 - Atti del Governo, registro n. 51, foglio n. 28. – FRASCA

ALCUNI DEI SINDACI CHE HANNO PRESIEDUTO IL COMUNE DI CIRO' MARINA

Monsignor **ANTONINO TERMINELLI**
Sacerdote e parroco della chiesa di san Cataldo in Cirò Marina

Nato a Cirò Marina (4 gennaio 1922 - 11 febbraio 2016), figlio di Anselmo Terminelli. Anche suo zio Don Ernesto (fratello del padre) era Sacerdote presso la Chiesa di San Cataldo a Cirò Marina. Sin da giovane, ha avuto una zelante vocazione a per la chiesa cattolica. Frequentò gli studi Ginnasiali presso il Seminario Arcivescovile di Santa Severina. Dal 1938 al 1945, proseguì gli studi Filosofici e Teologici presso il "Pontificio Seminario Regionale Pio XI" di Reggio Calabria e presso la scuola di eminenti Maestri Gesuiti.

Monsignor Antonino Terminelli

Dando prova di bell'ingegno e di vasta dottrina, perfezionò la sua preparazione presso la "Pontificia Facoltà di Teologia Marianum" di Roma sotto la guida di illustri professori dell'Ordine dei "Servi di Maria", laureandosi "Summa Cum Laude". Questa Laurea in Teologia, con specializzazione in "Mariologia", gli permise di insegnare "Cristologia" nella scuola di "Teologia per Laici" a Crotone. Il 21 gennaio 1946 ricevette l'ordinazione sacerdotale dal Vescovo di Cariati, Mons. R. Faggiano. Promosso canonico del "Capitolo Cattedrale" di Cariati, fu in seguito nominato "Economo Curato" della Parrocchia di Torre Melissa.

Dal 1958 è stato Parroco della Chiesa di San Cataldo in Cirò Marina, di cui occupò un posto di rilievo per la sua personalità ed il prestigio indiscusso di uomo di fede di dottrina cattolica e di cultura. Il suo zelo nell'aiutare, sostenere ed incoraggiare personalmente ogni singolo fedele, fu giornalmente abbracciato da una instancabile ed intensa attività pastorale. Di propria iniziativa ha promosso innumerevoli progetti in tutti i settori della vita cittadina e grazie alla sua fattiva opera, sono sorte infatti in Cirò Marina: la Chiesa di San Francesco e la chiesa di San Nicodemo, inoltre sono state fatte opere di restauro nell'interno della chiesa di San Cataldo, arricchita di preziosi mosaici e di finestre artisticamente colorate. Oltre che essere un uomo di religione è stato un promotore di cultura, una figura austera di "Educatore", di indole razionale, dotto ed arguto. Gran parte della sua vita, si è dedicato al mondo della scuola e ha educato più generazioni che con riverente affetto ricordano il loro caro "Maestro" ed amorevole "Amico" con tutti, il Don Nino dei loro anni giovanili.

Dopo aver conseguito il "Diploma di Abilitazione all'Insegnamento di Religione" presso la scuola di Vallombrosa, fu docente nel "Seminario Vescovile" di Cariati, anche docente "all'Istituto Commerciale" presso le scuola Media "G.T. Casoppero" e docente presso la Scuola Media "Don Bosco" di Cirò Marina, dove per un decennio svolse le funzioni di "Vice Preside". Una delle tante attività preminenti svolte da Mons. Terminelli fu quella storica e letteraria. Oggi, nel mondo della letteratura è un apprezzato autore di opere storiche e culturali sulla sua Patria, autore di libri di poesie, di vite di santi, di saggi teologici, oltre che di numerosi ed importanti articoli su quotidiani Regionali, Nazionali e riviste specializzate.

Mons. Terminelli partecipò a Convegni e Simposi anche Internazionali. In riconoscimento ai suoi meriti, il 15 gennaio 1979 la "Santa Sede Vaticana" gli conferì il titolo di Monsignore, tra l'altro, per aver contribuito, soprattutto, a far crescere la sua Comunità secondo gli insegnamenti in conformità alla chiesa e credo Cattolico.

Egli fu anche un grande scrittore, con eleganti e meravigliose prose. Fu un profondo studioso di storia pubblicando opere di enorme spessore culturale. Fino alla fine dei suoi giorni collaborò con varie riviste e giornali. Nonostante la sua età avanzata, esercitò quotidianamente e instancabilmente il suo ministero sacerdotale con spiccata spiritualità nella Parrocchia di San Cataldo in Cirò Marina.

Il 22 gennaio 2002 ricevette il Diploma di onorificenza di "Grande Ufficiale dell'Ordine al merito della Repubblica", un riconoscimento di apprezzamento per autori di saggi storici e teologici.
Duratura sarà la riconoscenza dei Cirotani verso questo illustre concittadino, fornito di grande perspicacia e intelligenza.

Don Antonino Terminelli (per coloro che lo conoscono: Don Nino) è sempre stato, per molti, il fidato e volenteroso "Consigliere". Egli aveva una grande empatia verso tutti e per tutti indistintamente, per tutte le età e ceto sociale. Ha dimostrato di essere sempre, facilmente avvicinabile e generoso; disposto a condividere il suo pezzo di pane con chi non ne aveva; era gioioso nell'offrire il suo stesso calice a chi aveva sete; disponibile nel coprire con il suo stesso mantello, coloro che avevano freddo; era sempre pronto per indicare ad ognun richiedente, la migliore soluzione dei più difficili problemi della vita o una parola di incoraggiamento ai più svariati bisogni quotidiani di ognuno.

Tuttavia, la più prevalente dote, che identificò questo grande "uomo del mondo divino", è l'enorme impronta spirituale, che durante tutta la sua vita, ha scolpito nel cuore e nella mente dei suoi fedeli concittadini e famiglie cirotane; facendole così, e con tenero affetto, avvicinare nell'intima relazione con il loro Signore.

Oltre alla composizione di innumerevoli scritti, poesie, stampati, manoscritti, riviste, pubblicazioni ed inserti giornalistici, le opere maggiori e più significative di Mons. Terminelli sono diverse decine.

GANGALE GIUSEPPE TOMMASO SAVERIO DOMENICO

Era Professore in lingue, Glottologo, Filologo, Filosofo e Teologo. Oltre ai ricordi ed alle informazioni, rivelate da coloro che l'ho hanno conosciuto personalmente, esistono decine di libri che descrivono la vita, le avventure e le attività di Giuseppe Gangale. Egli nacque a Cirò Marina (7 Marzo 1898 – 13 maggio 1978) in Contrada San Gennaro. Figlio di Giovanni Luigi e Maria Teresa Polizzi, una maestra molto intellettuale, di origine Albanese.

La stabilità finanziaria di cui viveva la famiglia, permetteva di avere una servitù in casa. Difatti, Giuseppe trascorse la sua infanzia, fino alla sua adolescenza, assistito da una donna di servizio (una cameriera di casa) di nome Maria Rosa di Carfizzi. Questa servitrice della Casa Gangale, oltre ad offrire le sue tenere ed affettuose cure come una seconda mamma, insegnò Giuseppe a parlare il proprio dialetto di provenienza "Arbrese".Fu proprio questo, l'inizio che aiutò Giuseppe Gangale a riconoscere in sé la sua più abile dote: una straordinaria capacità di apprendere i dialetti e le lingue straniere, una virtù innata che avrebbe tracciato la sua carriera per tutta la vita.

Presso il Collegio Italo-Albanese di San Adriano in San Demetrio Corone, egli frequentò il ginnasio ed il liceo. Dopo aver conseguito la maturità classica, frequentò l'Università di Firenze e nel 1921 si laureò in "Filosofia".

Operò nel campo Filosofico e Teologico perfezionandosi nello studio della storia delle religioni.

A Roma, nel 1923 (quando era ancora scapolo), divenne redattore della rivista "Conscientia", un settimanale di critica culturale e filosofica. Giuseppe Gangale abitava a Cirò Marina in Via Tirone quando, il 14 aprile 1926 sposò la bella Maddalena De Capua, una nobile donna, che gli rimarrà fedele e vicino nel bene e nel male, incoraggiandolo e sostenendolo durante tutti i suoi viaggi e per tutta la vita.

Fino al 1931, Gangale ha diretto la collezione delle opere "Doxa", una serie letteraria di critica storica, filosofica e religiosa. Dei 30 volumi di questa collana, cinque sono opere scritte da Giuseppe Gangale stesso; ma per motivi politici e religiosi, l'opera "Doxa" dovette sospendere il suo proseguimento, così che Gangale, da quel momento iniziò il suo viaggio (insieme alla moglie), verso un "Esilio volontario", verso i Paesi dell'Europa, un viaggio che richiederà in seguito molto coraggio. Questa sua decisione, segnò nella sua vita ed in quella di sua moglie Maddalena, l'inizio di una grande avventura nell'ignoto.

Armato di conoscenze culturali, lingue straniere, dialetti antichi, dialetti moderni e latino, Gangale arrivò in Germania ed a Tubinga si incontrò con il Prof. Rohlfs, un celebre studioso delle lingue di minoranze etniche europee. Gangale e Rohlfs, costituirono un ottimo duo verso una vasta attività culturale e linguistica.

Giuseppe Gangale

Monumento in onore di
Giuseppe Tommaso Saverio
Domenico Gangale

L'interesse per le minoranze etniche, collegato alla straordinaria capacità di Gangale di riuscire ad apprendere e memorizzare facilmente le lingue straniere, risultò che si laureò anche in "filologia classica".

Dopo il 1934 partecipò in Olanda al "Congresso internazionale della religione". In uno dei suoi discorsi tenuti in questo Convegno, parlò a disfavore dei "Deutsche Cristen" (Cristiani Tedeschi), riguardo al loro bruto e illegale atteggiamento verso la guerra; così che Gangale divenne per i Nazisti una "Persona non grata". In seguito fu emanato un divieto dal "Ministero dell'Istruzione di Berlino", che proibiva a Gangale di occuparsi di politica e di religione. Tuttavia, la raffinata intelligenza, l'accurata conoscenza in materie letterarie e l'intrepido coraggio del Gangale si notava e si evidenziava molto nel mondo politico e letterario in tutto il resto d'Europa.

Nel 1936 il Console Italiano di Stoccarda (Germania), propose a Gangale di collaborare con i regimi Nazisti e Fascisti, nei preparativi strategici e bellici a favore della guerra che avrebbero avuto in Etiopia. Gangale doveva prendere una decisione che avrebbe dato prova, se egli era a favore della guerra o no. Nella sua decisione, prese fra l'altro in considerazione due cose: diventare un eroe di guerra, con nobile fama e potere?! Oppure cooperare personalmente nel provocare danni catastrofici e mortali anche a minoranze etniche in Etiopia?! (minoranze di cui egli se ne era sempre preoccupato). Soppesando queste e altre questioni, Gangale decise con risolutezza di rifiutare questa proposta (materialmente vantaggiosa) e di non collaborare con il "Ministero della Guerra" (Difesa), anche se questo suo idealismo a favore della pace umanitaria, poteva mettere a rischio la sua esistenza e quella della moglie. Difatti, dal suo rifiuto, conseguì che il suo passaporto non gli fù più rinnovato. Comunque un anno dopo, nel 1937 si trasferì in Baviera (Germania), dove ottenne la cittadinanza tedesca, così che poteva liberamente insegnare nell'Università di Tubinga.

All'età di 40 anni effettuò diversi viaggi nei paesi Baltici, dove studiò i dialetti "Estoni", "Retici" e "Finnici".

All'inizio della seconda guerra mondiale, decise di allontanarsi dalla zona bellica del centro-sud d'Europa, così che il 16 settembre 1940 partì con destinazione Helsinki (Finlandia), ma il suo viaggio venne interrotto a Copenhagen (Danimarca), perché la Finlandia aveva chiuso le frontiere a seguito della dichiarazione di guerra fra Germania e Polonia.

Fu proprio in questo periodo che Maddalena, la sempre fedele moglie di Gangale fu fortemente e violentemente emozionata (shoccata) dallo scoppio della guerra mondiale che la circondava, ed ebbe improvvisamente un abbassamento di diverse facoltà vitali, rimanendo così, parzialmente paralizzata. In comune accordo con la moglie, comunque, decisero di rimanere in Danimarca.

Gangale venne assunto come docente-ospite presso l'Università di Copenhagen e l'Università di Aarthus, dove intensificò le sue ricerche sulle minoranze nordiche e sulla lingua Islandese e Faroense.

Anche durante il pieno periodo bellico del 1943, nel corso dei discorsi che Gangale svolgeva durante i Convegni Internazionali di cultura e lingue dialettiche, egli contrassegnava gli avvenimenti reali ma loschi, crudeli e micidiali che compiva il regime Nazista, in stretta collaborazione con i loro alleati Fascisti e la Chiesa Cattolica Vaticana Romana di all'ora, contro le minoranze etniche, politiche, religiose e sociali.

Durante i suoi discorsi pronunciati davanti ad un grande pubblico, Gangale metteva in risalto la persecuzione, la tortura, la deportazione e la morte nelle camere a gas dei campi di concentramento e di sterminio;la maggioranza delle vittime non erano i soldati nemici ma civili: neonati, bambini, donne, uomini, anziani, giudei/ebrei, zingari, studenti biblici di Geova, invalidi, malati in generale e malati di mente, carcerati, politici, obiettori di coscienza, razze di colore, extra comunitari, emigrati ed altri gruppi etnici di minoranza sociale, culturale e religiosa.

L'atteggiamento manifestato da Gangale sulla libertà politica, religiosa ed etnica umanitaria, era quindi in contrasto con quelle del regime totalitario esistente, che, come egli apertamente asseriva, opprimeva le razze etniche, religiose e politiche, solo perché non erano quelle cattoliche o non appartenevano, per natura, alla supposta "Razza Ariana" delle lingue Indeuropee, che i Nazisti assunsero e preferirono come unica razza superiore, in contrapposizione a tutte le altre. Questo suo contrastante atteggiamento in pubblico, fu notato dall'Ambasciata tedesca, sita in Danimarca, la quale ammonì Gangale con pesanti restrizioni. Così che egli si dovette rifugiare nella Svizzera neutrale da conflitti bellici, dove vi restò per 5 anni fino al 1948. In questi 5 anni, Giuseppe Gangale fu incaricato, ufficialmente dal Governo Federale di Berna, di occuparsi della crisi linguistica della zona "Retoromancia-centrale" (Cantone dei Grigioni, Ladino Dolomitico e Friulano). Qui, Gangale pubblicò una trentina di libri, opuscoli ed articoli giornalistici, riguardanti le soluzioni al problema della lingua "Retoromancia".

In seguito, nel 1949 ritornò in Danimarca, dove riprese le funzioni di docente presso l'Università di Copenhagen, dando lezioni fra l'altro di "Retoromancio" e di "Proto-Retico" (il dialetto parlato da una popolazione tra il Danubio e il Reno). Ancora oggi, nella Biblioteca dell'Università di Copenhagen si trova una importante collezione di manoscritti "Retoromanci" con annotazioni di Giuseppe Gangale.

Dal 1950, Gangale proseguì la sua attività presso l'Istituto di Glottologia dell'Università di Copenhagen come specialista di lingua Albanese. Nel 1952, fu incaricato nella ricerca dei manoscritti perduti di "De Radha" nella zona della "Diaspora Arberisca meridionale" (un antico popolo che emigrò e si disperse in varie direzioni).
Così, quasi sempre in viaggio per ed oltre l'Europa, tra il 1955 ed il 1962 visitò circa 36 Comuni Albanesi in 11 viaggi di spedizione.

Professionalmente Gangale era un "purista per eccellenza", a tutti i costi si attenne, con intransigenza, alla correttezza linguistica originale, tenendola lontana da influssi stranieri e moderni che potevano alterarne l'originalità. Quando aveva un forte risentimento, egli non esitò mai, verso le Autorità superiori Governative in questione, a far riconoscere la sua opinione, nel caso, per loro scopo d'interesse politico, religioso o commerciale, avessero idealizzato un cambiamento linguistico, deturpando questo patrimonio di notevole importanza scientifica.

Nel 1960, si occupò dei dialetti di "Andali e Mercedusa" (abitanti dell'Andalusia, Spagna), per incarico dell'Accademia Nazionale dei "Lincei di Roma" (studiosi di discipline fisiche, matematiche, naturalistiche e morali, storiche, filologiche e indagini scientifiche). Approfittando del fatto che doveva spesso viaggiare tra Copenhagen e Roma, non mancava di fare visite presso la sua Calabria nativa, anche per determinare e revisionare la lingua Albanese e salvaguardare il patrimonio linguistico delle colonie Italo-Albanesi.

In questo periodo, le condizioni di salute della sua cara moglie Maddalena peggiorarono, difatti, oltre che paralizzata già dal 1940, non desiderava affatto il freddo ed umido clima del Nord-Europa, ma comunque, lo sopportava in silenzio, per amore verso suo marito. Ma Gangale se ne accorse, così che per questo motivo fu felicemente costretto, per il benessere della sua cara moglie, a stabilirsi in una zona dove regnava un clima mite e caldo, e quindi ritornò nella sua terra nativa, la Calabria del sole. In Calabria, Gangale fondò e diresse un "Centro Greco-Albanese di glottologia", con sede presso la "Biblioteca Comunale di Catanzaro". Nel 1968, questo "Centro di glottologia" fu trasferito a Crotone, il quale fu arricchito di interessanti opere, riproduzioni letterarie e manoscritti originali; alcune di queste opere furono scritte da Gangale stesso. Si pubblicò la famosa collana letteraria "Gluha", di cui cinque volumi di tesi, con postille in Francese e Tedesco furono scritte da Gangale.

Il laborioso zelo di Gangale non conosceva limiti, così che, anche in Calabria approfondì le sue ricerche sui vari dialetti ancor oggi esistenti, come ad esempio "l'Arbrese locale" (questo, fu anche il primo dialetto che imparò dalla sua cameriera d'infanzia: Maria Rosa). Poi tradusse pure, nel dialetto Arbrese, diversi testi classici come i "Vangeli Biblici" e tragedie greche come quella dell'Agamennone.
Anche quando era in Italia, tenne principalmente in considerazione i dialetti di Andali, Marcedusa e Caraffa, che erano in via di estinzione per l'incuria delle Autorità Regionali e Comunali.

Giuseppe Gangale fu uno dei pochissimi professori di lingue e dialetti internazionali esistenti al mondo. Egli teneva conferenze ed organizzava convegni in diversi Paesi Europei. Offriva corsi d'istruzione linguistica, culturale e altre discipline ad altri docenti universitari. Parlava e scriveva alla perfezione decine di dialetti oltre che le lingue internazionali: francese, inglese, tedesco, danese, svedese, irlandese, albanese e naturalmente l'italiano e il dialetto cirotano. Nel 1977, visitò le scuole di Cirò Marina e gli alunni gli diedero in dono uno splendido quadro dipinto con acquarello, che raffigurava la sua vecchia casa in Via Tirone (ora demolita); l'Amministrazione Comunale di Cirò Marina, onorò altamente la sua persona, premiandolo con una valorosa "Targa in argento".

Riguardo al suo operare, Gangale non conobbe sosta fino all'aprile del 1978 quando si ammalò. Morì il 13 maggio 1978, egli fu seppellito nella cittadina Svizzera di Berna. Tuttavia, la Giunta Comunale del Senatore della Repubblica italiana e Sindaco Nicodemo Filippelli e del vice Sindaco Luigi Ruggiero che amministravano Cirò Marina dall'anno 2002 pensarono bene di far prelevare le spoglie di questo eroe, così che oggi la sua tomba non si trova più a Berna ma nel cimitero del suo paese nativo Cirò Marina. Sulla sua lapide è scritta la seguente nota:
PREGHIERA DELLA SERA di Giuseppe Gangale (Cirò Marina, 1898 – Muralto, 1978)
Signore, Tu vedi dove io sono giunto:

la strada era lunga e le tue porte strette, così com'è scritto.

Come tu hai voluto, ho lasciato la casa, ho preso il fagotto e mi son fatto mendicante.

Come tu hai voluto, ho varcato montagne e fiumi, ho acceso guerre, maledetto e benedetto, assetato di verità, ho parlato lingue straniere assieme a gente straniera.

Io forestiero tra la mia gente, io uomo solo tra tanta gente.

Io vetro rotto, eppure specchio di Te, che trasformi in vessillo un cencio.

Ora ch'è issato questo vessillo sopra le cime dei monti sui quali ripararono i miei antenati e fischia il vento della mia sera, a Te, Signore, affido il vessillo.

Ti prego io che tante bandiere ho abbassato,

Ti prego io che per anni senza numero più non ho potuto pregare.

Vedi: la lingua che non si scioglieva, come quella di Zaccaria senza fiducia, si scioglie (per chiamarti: o altissimo o misterioso, o ineffabile, con le parole morte degli avi, rugiada benedetta, aspersa sulle mie aride carte.

Giuseppe Tommaso Saverio Domenico Gangale, lasciò moltissime opere letterarie, anche opere inedite, opere poco conosciute al pubblico e tante altre importanti opere che non sono state ancora raccolte organicamente.

1*)

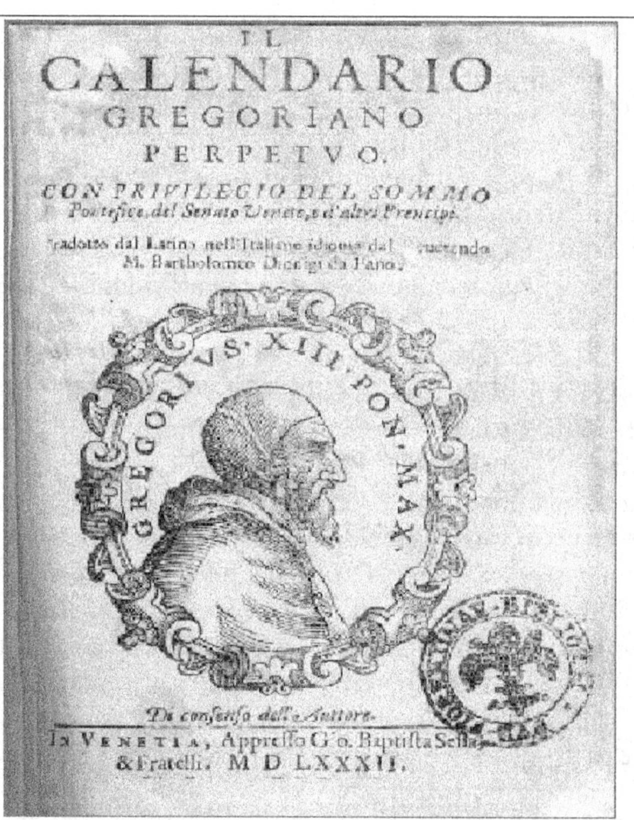

L'ASTRONOMO LUIGI GIGLIO
(o Lilio, come era uso in quel tempo latinizzare i nomi)

E' proprio questa, la stessa Cirò, la quale, 5 secoli fa', l'astronomo, scienziato e professore in medicina, il cirotano Luigi Lilio (1510-1576), riformò il "Calendario Giuliano" di Sosigene, allora in vigore. Quello era il calendario solare che risaliva dall'epoca dell'imperatore Giulio Cesare circa 50 a.C..

L'astronomo greco Sosigene nell'effettuare il calcolo della durata dell'anno, aveva commesso un errore, apparentemente trascurabile: L'anno del suo calendario solare era di 11 minuti e 14 secondi in più, errore che nel corso dei secoli portò un anticipo sull'anno solare di quel tempo di ben undici giorni.

Questa differenza, accumulatasi nei secoli, fece sì che nel 1582 l'equinozio di primavera fosse in anticipo di dieci giorni rispetto al calendario e che le feste religiose non cadessero nella stagione appropriata. per eliminarlo, il prof. Luigi Lilio di Cirò, nel suo *"Compendium novae rationis restituendi kalendarium"*, propose alla commissione nominata dal Papa Gregorio XIII e formata dai più famosi dotti del quel tempo, di rimettere alla pari l'anno legale con quello solare, saltando undici giorni (cosa che, fu fatta nel 1582, quando si passò dal 4 al 15 ottobre). Affinché l'errore non si ripetesse nel futuro, si stabilì che, alla fine di ogni secolo, fossero considerati bisestili solo gli anni di cui le prime due cifre fossero multiple di quattro (ad esempio l'anno 1200, l'anno 1600, l'anno 2000, ecc,).

Fu suo fratello Antonio Lilio, che presentò al Papa il progetto di Luigi e che tutt'oggi è in vigore nel mondo intero. E' così, come il precedente Calendario Giuliano, esisté per opera intelligente dell'astronomo Sosigene e non per opera dell'imperatore Giulio Cesare, la quale gli fu assegnato il privilegio e l'onore, chiamandolo con il suo nome, similmente, l'attuale Calendario Gregoriano, fu in realtà progettato dall'astronomo di Cirò: Luigi Lilio e non dal Papa Gregorio XIII (Ugo Bencompagnì), pur se ne riporta il nome. http://ciro.asmenet.it/index.php?action=index&p=203

ANNA ROSA MARIA BENEDETTA GATTORNO

"Amor mio, come posso fare perché tutto il mondo ti ami? … Serviti ancora una volta di questo tuo miserabile strumento per ravvivare la fede e la conversione dei peccatori".

Questo, fu lo slancio generoso, sgorgato ai piedi del suo 'Sommo Bene' e che attrasse sempre più irresistibilmente a se. Questo, fu il pensiero principale che costituì l'ardente e profondo desiderio nel cuore di Anna Rosa Maria Benedetta Gattorno (1831-1900); una donna che si offrì agli altri e per l'umanità bisognosa che la circondava. Lei si spinse a dedicare la sua vita in una immolazione totale e continua per la gloria e compiacenza del suo credo religioso.

Nacque a Genova il 14 ottobre 1831, proviene da una famiglia di agiate condizioni economiche e di profonda formazione cristiana. Fu battezzata cattolica lo stesso giorno della sua nascita nella parrocchia di san Donato con i nomi di Rosa Maria Benedetta. Nel padre Francesco e nella madre Adelaide Campanella, come negli altri cinque fratelli e sorelle, trovò i primi essenziali formatori della sua vita morale e cristiana. A dodici anni ricevette la cresima in "santa Maria delle Vigne" dall'arcivescovo e cardinale Placido Tadini. Dalla giovane età le fu impartita l'istruzione cattolica in casa, come era d'uso nelle famiglie più fortunate del tempo.

Di carattere sereno e amabile, aperto alla pietà ed alla carità e tuttavia ragionevolmente stabile. Seppe reagire altresì alla conflittualità del clima politico ed anticlericale dell'epoca, che non risparmiò nemmeno alcuni componenti della propria famiglia. A 21 anni (5 novembre 1852) sposò il cugino Gerolamo Custo, cui ebbe tre figli: Carlotta, Alessandro e Francesco. Parte della vita familiare la trascorse a Marsiglia dove si trasferì. Un imprevisto dissesto finanziario turbò ben presto la felicità della novella famiglia, costretta a far ritorno a Genova nel segno della povertà. Disgrazie ancor più gravi incombevano la sua primogenita Carlotta, che colpita da un improvviso malore, rimase sordomuta per sempre.

Il tentativo di Gerolamo di far fortuna all'estero si concluse con un ritorno, aggravato da una malattia mortale; egli morì il 9 marzo 1858. Dopo qualche mese, si avverò tristemente anche la perdita dell'ultimo figlioletto, il piccolo Francesco. Anna Rosa si trovava ora vedova, con due figli orfani di padre. L'incalzare di tante altre tristi vicende e l'esperienza dolorosa di questa prova, segnò nella vita di Anna Rosa, un cambiamento radicale che lei chiamerà la sua "conversione" all'offerta totale di sé al suo Signore della chiesa cattolica, al Suo amore e all'amore del prossimo.

Questo fu per lei il solo alito divino di incoraggiamento che la incitò ad aggrapparsi alla fede, ad affidarsi alla vergine Maria e a trovare nel suo dio forza, rifugio e luce per il suo nuovo cammino. Purificata dalle prove e resa forte nello spirito, comprese il vero senso del dolore e si radicò nella certezza della sua nuova vocazione. Sotto la guida del confessore don Giuseppe Firpo, emise i voti privati perpetui di castità e di obbedienza nella festa dell'Immacolata (1858); in seguito (1861) anche di povertà nello spirito del Poverello di Assisi quale "Terziaria francescana".

Fin dal 1855 aveva anche ottenuto il beneficio della comunione quotidiana, non comune in quel tempo. A tale sorgente di grazia, rimase costantemente ancorata e sorretta da una sempre maggiore intimità con il suo Signore della dottrina cattolica, vi attinse sostegno, ardore missionario, forza e slancio per il servizio ai fratelli di fede.

Anna Rosa Maria
Benedetta Gattorno

Monumento in onore di Anna Rosa Maria Benedetta Gattorno

Dal 1859, senza trascurare la tenera sollecitudine per i figli, intensifica la preghiera, coltiva la vita sacra mentale, si dedica ad attività caritative ed essenziali partecipando anche a varie associazioni ecclesiali. A suo dire: "...nel 1862 ricevetti il dono delle stimmate occulte dal mio Signore, come segno della Sua approvazione, questo piaghe le percepii più intensamente nei giorni di venerdì". Già, secondo la dottrina cattolica: "Sposa fedele di Cristo nell'intimo del suo cuore e madre esemplare", senza nulla sottrarre ai suoi figli (sempre teneramente amati e costantemente seguiti e da lei stessa assistiti), in una maggiore disponibilità imparò a condividere le sofferenze degli altri, prodigandosi in apostolica carità: "...mi dedicai con più fervore alle opere pie e a frequentare gli ospedali ed i poveri infermi a domicilio, soccorrendoli nel sovvenire quanto potevo e servirli in tutto". Le Associazioni cattoliche di Genova se la contesero, così che pur amando il silenzio ed il nascondimento, molti notarono il carattere genuinamente evangelico del suo tenore di vita.

Progredendo in questo cammino, le fu affidata la presidenza della "Pia unione delle nuove Orsoline figlie di S. Maria Immacolata", fondata dal Frassinetti e per espresso volere dell'arcivescovo mons. Charvaz. Le fu affidata anche la "Revisione delle Regole" destinate all'Unione. Proprio in quella circostanza (febbraio 1864), intensificata ulteriormente la preghiera, davanti al crocifisso ricevette l'ispirazione di una nuova "Regola" per una specifica Fondazione sua "Una nuova famiglia religiosa".

Nel timore d'essere costretta ad abbandonare i figli, prega, fa penitenza e chiede consiglio a san Francesco da Camporosso, cappuccino laico, che pur mostrandosi trepidante per le gravi tribolazioni che le si profilano, la sostiene, incoraggiandola; similmente fecero anche il Confessore e l'Arcivescovo di Genova. Avvertendo però sempre più insistenti i suoi doveri di madre verso i propri figli ancora bambini, volle l'autorevole conferma e sostegno dalla parola stessa del santo padre Papa Pio IX, nella segreta speranza di essere in parte sollevata dal peso di alcune attività che le erano state generosamente assegnate.

Il Pontefice, nell'udienza del 3 gennaio 1866 le consigliò invece di iniziare subito la fondazione, aggiungendo: "Questo Istituto si estenderà rapidamente come il volo della colomba in tutte le parti del mondo. Iddio penserà ai tuoi figli; tu pensa al tuo dio nell'opera sua". Anna Rosa accettò dunque, di compiere la volontà richiesta e sostenuta dal Papa pronunciando il suo "SI" con fede e decisione, come poi scrisse nelle sue Memorie: "...Con generosità ne feci al mio dio l'offerta e gli ripetevo le parole di Abramo: 'Eccomi a compiere la tua divina volontà ...offertami vittima per l'opera sua, ne ebbi consolazioni assai grandi ...".

Superate inoltre le resistenze dei parenti ed abbandonate le opere di Genova, non senza dispiacere del suo Vescovo, diede inizio a Piacenza (Stradone Farnese n° 49) alla nuova famiglia religiosa che denominò definitivamente: "Figlie di S. Anna, madre di Maria Immacolata" (8 dicembre 1866). Questo tipo di Istituto si estenderà ben presto anche in America Latina ed in Africa. Vestì l'abito religioso il 26 luglio 1867 e l'8 aprile 1870 emise la professione religiosa insieme ad altre 12 consorelle. Nello sviluppo dell'Istituto fu collaboratrice di P. Giovanni Battista Tornatore dei "Preti della missione" il quale espressamente richiestole, scrisse le "Regole", così che egli fu poi ritenuto uno dei fondatori dell'Istituto.

Affidata totalmente alla Provvidenza divina ed animata fin dal principio da un coraggioso slancio di carità, Rosa Gattorno diede inizio alla costruzione "dell'Opera di dio", come l'aveva chiamata il Papa, e come la chiamerà sempre anche lei, eletta a cooperarvi in spirito di dedizione materna, attenta e sollecita verso ogni forma di sofferenza e miseria morale e materiale, con l'unico intento di servire Gesù nelle sue membra doloranti e ferite e di "...evangelizzare innanzitutto con la propria vita".

Nacquero varie opere di servizio: ai poveri e agli infermi di qualsiasi malattia, verso le persone sole, anziane, abbandonate, ai piccoli e agli indifesi, alle adolescenti ed alle giovani "a rischio", cui provvedeva a far impartire un'istruzione adeguata e al successivo inserimento nel mondo del lavoro. A queste forme, si aggiunse ben presto l'apertura di scuole popolari per l'istruzione ai figli dei poveri ed altre opere di promozione umano-evangelica, secondo i bisogni più urgenti del tempo e con una fattiva presenza nella realtà ecclesiale e civile. "...Servitrici dei poveri e ministre di misericordia", così chiamava le sue figlie spirituali e le esortava ad accogliere come segno di predilezione del Signore il servizio ai fratelli spirituali, compiendolo con amore e umiltà; "...Siate umili, pensate che siete le ultime e le più miserabili di tutte le creature che prestano alla Chiesa il loro servizio e hanno la grazia di farne parte...". A meno di 10 anni dalla fondazione, nel 1876 l'Istituto ottenne il Decreto di Lode e l'approvazione definitiva nel 1879. Per le "Regole" si dovette attendere fino al 26 luglio1892.

Molto stimata e apprezzata da tutti, collaborò a Piacenza anche con il vescovo mons. Scalabrini, ora beato dalla chiesa Cattolica, soprattutto "nell'Opera a favore delle sordomute", da lui fondata. Non furono tuttavia risparmiate a madre Rosa Gattorno molte prove, umiliazioni, difficoltà e tribolazioni di ogni genere.

Malgrado ciò, l'Istituto si diffuse subito rapidamente, in Italia e all'estero, realizzando così l'ardente brama missionaria della fondatrice: "Amor mio! Come mi sento ardere di desiderio di farTi da tutti conoscere e amare; vorrei attirare tutto il mondo, dare a tutti, soccorrere tutti ...vorrei correre ovunque e gridare forte perché tutti vengano ad amarTi...". Essere "portavoce di Gesù" e far giungere a tutti gli uomini il messaggio dell'amore che salva, questo fu e rimase sempre l'ardente e profondo desiderio del suo cuore. Nel 1878, inviava già le prime "Figlie di sant'Anna" in Bolivia, poi in Brasile, Cile, Perù, Eritrea, Francia e Spagna. A Roma, dove aveva iniziato l'opera sua dal 1873, organizzò scuole maschili e femminili per i poveri, asili nido, assistenza ai neonati figli delle operaie della manifattura del tabacco, case per ex prostitute, donne di servizio, infermiere a domicilio, ecc. Ivi sorse la "Casa generalizia" con l'annessa chiesa.

In tutto, alla sua morte, furono realizzate 368 Case caritatevole, nelle quali svolgevano la loro missione ben 3500 suore consorelle di Rosa Gattorno. Il segreto del suo cammino di santità, del dinamismo, della sua carità e della forza d'animo con cui seppe affrontare con fede robusta tutti gli ostacoli, e guidare per 34 anni con piena dedizione, coraggio e lungimiranza "l'Istituto", consisteva nella continua unione con il suo amorevole dio potente e nell'abbandono totale di se stessa fiduciosa in Lui, "Pur in mezzo a tanto tumulto di un abisso di affari mai sono priva dell'unione con il mio Bene...". (Si, nell'attenzione e docilità agli impulsi dello Spirito; nell'intima amorosa partecipazione alla passione di Cristo suo figlio; nell'incessante supplica per la conversione dei peccatori e la Santificazione di tutti gli uomini).

Verso la Chiesa Cattolica romana, nutrì un vivo senso di appartenenza e fu sempre umile, devota e obbediente alle direttive del Papa, e come fanno gli angeli celesti verso dio, si sottopose con piena subordinazione verso la Gerarchia e le dottrine della Santa Chiesa. Nella dilezione verso sant'Anna, visse un amore speciale per Maria la santa madre terrena del Cristo il Messia, il primogenito figlio celeste del suo dio, cui si affidò interamente per essere tutta di dio il padre potente, tutta per i fratelli e sorelle spirituali e tutta a favore dell'umanità bisognosa che la circondava.

Il Sindaco di Cirò Marina: Roberto Siciliani (a sinistra) e Don Nino Terminelli (a destra) con alcune suore dell'Istituto delle Figlie di Sant'Anna

Qual puro e semplice strumento nelle mani dell'"Artefice sopraffino", conformata a Cristo povero e vittima d'amore con Lui, realizzò nella sua vita l'anelito, che ha poi amorevolmente inculcato alle sue figlie spirituali. Aveva l'ardente desiderio di "Vivere per il suo iddio, morire per Lui, spendere la vita per amore...". Possedeva il vero amore, un amore grande, quello che nell'antico greco viene identificato come "Agape", un amore senza limiti e senza riserve, un amore altruistico, senza alcun tornaconto e vantaggio personale se non solo quello di veder felici i bisognosi.

Anna Rosa fu attiva fino al febbraio del 1900, quando colpita da una grave influenza peggiorò rapidamente e la sua infinita energia cedette come pure le sue belle doti, le sue piacevoli virtù ed il suo tenero fisico femminile. Si spense così la sua vita che dedicò esclusivamente al servizio del suo dio e che aveva messo a dura prova con penitenze e preoccupazioni per soddisfare il desiderio bisognoso di altri. Il 4 maggio del 1900 ricevette il "sacramento degli infermi" e due giorni dopo, il 6 maggio alle ore 9 di mattina, dopo aver completamente compiuto il suo pellegrinaggio terreno, all'età di 69 anni si spense santamente nella "Casa generalizia", entrando nella pace del suo Signore per far parte dei suoi santi angeli.

La "fama di santità" che l'aveva circondata durante la sua vita, esplose in occasione della sua morte e crebbe ininterrottamente in tutte le parti del mondo. Ella, fu l'espressione di un singolare disegno del suo dio, nella sua triplice esperienza di sposa, madre e vedova, e poi ancora religiosa-fondatrice.

Rosa Gattorno, ha ben onorato la dignità ed il "genio della donna" sia nella sua missione al servizio dell'umanità bisognosa, come anche nella diffusione del "regno del suo dio". Dal 1991 sorsero ufficialmente i seguenti Istituti: "Il Movimento della Speranza"; "L'Istituto Secolare"; "Il ramo delle Figlie di Sant'Anna contemplative adoratrici perpetue" e "I Figli di Sant'Anna (Istituto religioso sacerdotale)". Il 21 dicembre 1998 è stata dichiarata venerabile dalla chiesa cattolica. Il 28 giugno 1999 il Vaticano promulgò il decreto sul miracolo delle stimmate occulte.

Il 9 aprile 2000, Rosa Gattorno è stata beatificata da papa Giovanni Paolo II. Pur sempre fedele alla chiamata del suo dio e autentica maestra di vita cristiana ed ecclesiale, rimase soprattutto ed essenzialmente una vera ed amorevole madre per suoi figli che costantemente seguì, dando loro assistenza personale nella crescita e nella loro educazione clericale. Fu una madre spirituale amorevole ed un grande esempio di castità anche per le suore che profondamente amò come le proprie figlie; fu un sostegno vitale per numerosi bisognosi, per i sofferenti e per gli infelici nel cui volto contemplò quello stesso del suo Cristo vissuto fra i poveri, piagato ingiustamente e crocifisso nell'innocenza per il bene e per il riscatto della vita eterna a favore dell'intera umanità.

Il suo carisma si è diffuso nella chiesa Cattolica col sorgere di altre forme di vita evangelica: "Suore di vita contemplativa"; "Associazione religiosa sacerdotale" e "Istituto secolare e Movimento ecclesiale di laici", questi istituti sono attivamente operanti nella Chiesa in quasi tutte le parti del mondo.

Nel mondo cattolico, Anna Rosa Maria Benedetta Gattorno è diventata, per ogni generazione e per quelle persone di buona volontà un intrepido esempio di benignità celeste; con la sua tenacia nell'affidarsi totalmente al suo santissimo creatore ha presentato al mondo, per i secoli futuri, un modello esemplare, ricco di pregiate virtù accuratamente da imitare.

Dietro di sé, ha lasciato una tangibile ed amorevole impronta di benevolenza a vantaggio e beneficio di un benessere spirituale. Ha rispecchiato il comportamento che il suo dio desidera da tutti e che è possibile perseguire tutti i giorni e per tutta la vita. Un'intera giornata dedicata all'80° anniversario della presenza delle suore dell'Istituto delle Figlie di S. Anna a Cirò Marina. E' ciò che è accaduto l'8 giugno 2013 nella cittadina del litorale che ha voluto ricordare, grazie all'attività proposta dalla comunità locale delle suore e dalla Scuola dell'infanzia "L. e D. Siciliani", una parte importante della propria storia.
2*)

INVENTORI CIROTANI

Salvatore Ianni (1920-2010), già dalla sua giovane età di 7 anni, era il fidato discepolo–meccanico del maestro **Salvatore Astorino** (1907–1999). Astorino era un geniale inventore e modificatore di ogni tipo di motore. Questo duo di auto meccanici professionisti (entrambi di Cirò), con l'aiuto finanziario del benestante ed amico **Mario Dottore** (1879–1939), nell'anno 1936 (mentre Ginevra preparava l'embargo del petrolio e l'Italia era ormai costretta ad affrancarsi la poca benzina), proposero al "Ministero della Difesa" di allora, il progetto di un motore per il trasporto automobilistico, ideato con un sistema sofisticato di carburazione ad alcool–idrato, uno dei più perfetti e complicati fra quelli realizzati all'epoca.

Ianni Salvatore

Salvatore Astorino

Mario Dottore

Astorino, Ianni e Dottore, furono invitati a Roma dal Ministero della Difesa, per presentare questo nuovo tipo di motore. L'esito della prova, che effettuarono in presenza di una moltitudine di dotti, scienziati e specialisti della meccanica, fu un vero e tangibile successo. L'efficacia di questo ingegnoso carburatore, risultava fra l'altro, nella riduzione dell'80% del consumo della benzina in ogni tipo di motore a scoppio.

Il Ministero approvò ed accettò il progetto, così che, questi inventori ed il loro gioiello di raffinato sistema di carburazione, furono iscritti "all'Albo delle Invenzioni", ed il relativo brevetto fu riportato nel libro "Inventori e Invenzioni del XX Secolo" di Artemio Ferrari.

E' insindacabile il merito di questi due meccanici di Cirò; ancor oggi sono riconosciuti come, tra i migliori maestri e ingegneri della meccanica automobilistica locale dal secolo XIX in poi e tra i primi del XX secolo.

Attualmente, questo loro progetto è divenuto una ispirazione nella conoscenza Universitaria della tecnica all'avanguardia, ed ha aperto impenetrabili frontiere nei segreti della motoristica internazionale. Difatti, questa loro invenzione coopera ancor oggi come insegnamento base nel perfezionamento, nella potenza, nell'economia, nella ecologia e nella stabilità, durante l'idealizzazione di progetti dei più moderni e sofisticati motori industriali e di altro genere, sia per i veicoli di strada, sia per quelli marini come anche per l'aeronautica di tutto il mondo.

BREVE RACCONTO DI UN UOMO DI CIRÒ
Salvatore Ianni (Mastro Turuzzo)

"PENSIERI E RICORDI DELLA MIA CIRO' E CIRO' MARINA

Cirò il mio paese nativo, e ricordo con tanto entusiasmo nel vederlo sempre più bello e sfolgorante. Esso, cresce e si espande in tutte le direzioni. Ricordo anche Cirò Marina, dove risiedo da molti anni; la Marina era abitata da poche case ed il resto capanne alla meno peggio, essa era una frazione di Cirò Superiore e ricordo che per fare qualche documento ci si andava. Oggi Cirò Marina è ingrandita con rapidità, offrendo spazio ad una popolazione di circa 14.000 abitanti, che ci vivono comodamente, godendosi così i suoi posti meravigliosi, compresa la spiaggia incantevole.

Ricordo il suo circondario, Punta Alice, ad esempio, dove è posizionato il Faro, che serve per orientamento a tutte le navi in transito nel Mediterraneo e questo Faro risultava allora lontano dal paese. Oggi invece il paese è così ingrandito, che queste distanze non esistono più. Vicino al Faro, vi erano le cosiddette Vurghe, dove si portavano a pascolare gli animali, mentre adesso molti di questi luoghi sono stati occupati da costruzioni. Comunque, esistono i più bei luoghi di villeggiatura, vi sono villaggi turistici ed hotel, ivi compreso il Gabbiano che è rinomato ovunque. Vi è un Campeggio anche verso Torrenova, dove sorge una grande ed antica Torre di avvistamento militare, e seguono le vaste pianure del Feudo, tutto a vigneti, che producono molta quantità di vino D.O.C.

Salvatore Ianni
(Mastro Turuzzo)

Via Roma durante gli anni 1950

Il Lungomare di Cirò Marina nel 1950

Ricordo il nostro medico don Cataldo Rotondo, che in groppa di un cavallo asinello, si recava in tutti i posti di campagna per curare gli ammalati. Oggi invece, vi sono studi di medici in tutti i rioni, ivi compresa la Clinica per eventuali ricoveri e che è dotata di bravi medici all'avanguardia del proprio dovere. Ricordo la costruzione dell'asilo infantile, costruito a suo tempo, per iniziativa di don Mario Dottore, uomo di lodevoli iniziative, difatti, quando vi fu il terribile terremoto tra Reggio e Messina, egli, con altri volontari e medici di Cirò andò in soccorso alle popolazioni colpite.

Per tutti questi lieti ricordi, mi attacco ed ammiro sempre più Cirò il mio paese nativo e Cirò Marina dove risiedo attualmente."

DOMENICO (Mimmo) MAIETTA (calciatore)

E' nato a Cirò Marina il 3/8/1982 [Cariati]. Professione: Calciatore professionista, calcisticamente è cresciuto nella Juventus.
Genitori: Antonio Maietta e Dina Guarascio - **Fratelli:** Floriana e Francesco - **Partner:** Angela Marino.
Squadra nel 2015: "Bologna F. Club 1909" - **Maglia** n° 20 - **Altezza:** 184 cm - **Peso:** 75 kg
Ruolo: difensore.

Nel 2002 debutta in Serie B con la Triestina, dopodiché passa al Messina ancora in cadetteria. Nel luglio 2003 approda all'Avellino dove le sue ottime prestazioni lo portano a essere ingaggiato, nel gennaio seguente, dal Perugia che milita in Serie A.

Dal Crotone al Frosinone: Nel 2004 torna in Serie B al Crotone dove gioca tra i titolari per 3 anni, al termine dei quali, vista la retrocessione dei calabresi, viene dato in prestito all'Avellino che disputa la Serie B. Nell'estate 2008 torna a Crotone, giocandovi alcune partite in Serie C1, prima di essere venduto, nel gennaio 2009, al Frosinone, dove ha disputato l'ultimo anno e mezzo in cadetteria.

La cavalcata con l'Hellas Verona: Terminato il contratto con la società laziale, nell'agosto 2010, Maietta firma un accordo triennale con il Verona. Profetizzando, appena giunto nel club che si apprestava ad iniziare la sua quarta stagione in Lega Pro, il ritorno in Serie A della squadra scaligera nel giro di 3 stagioni, e diventando ben presto un beniamino del pubblico scaligero grazie all'agonismo e allo spirito battagliero con i quali affronta ogni partita. Il 19 giugno 2011 conquista subito la promozione in Serie B con la maglia dell'Hellas Verona. Giunto in cadetteria, durante la stagione 2011-2012 segna la sua prima rete in carriera il 13 novembre 2011 nella vittoria 2-1 del Verona contro il Crotone.

Il 12 marzo 2012 si fa notare grazie ad una rete stupenda messa a segno contro il Torino, nella trasferta vinta dai veneti per 4-1. Nell'azione del goal, dopo aver conquistato palla a centrocampo, salta in velocità due difensori granata e da 35 metri riesce a beffare il portiere avversario con un pallonetto perfetto.

Il 19 maggio 2012 segna il suo quarto gol con la maglia scaligera in Hellas Verona - Varese, alla penultima di campionato, imitando il gol di Torino: dopo uno scambio con Hallfredsson e uno scatto palla al piede di 40 metri, Maietta beffa infatti il portiere con un tiro da fuori area sotto l'incrocio dei pali. L'Hellas Verona, giunto 4° in classifica al termine della stagione agonistica, viene eliminato durante la semifinale playoff dal Varese, ma Maietta si toglie la soddisfazione di venire eletto quale miglior difensore della Serie B 2011-2012, a dimostrazione della migliore annata della propria carriera calcistica.

Nella stagione 2012-2013 segna un solo gol alla quarta giornata di campionato nella sentitissima trasferta di Vicenza, gol che risulterà decisivo per la vittoria della gara. Grazie ad un rendimento costante in campionato, contribuirà in prima persona a blindare la difesa scaligera (che a fine campionato risulterà la meno battuta) e quindi alla promozione in serie A dell'Hellas Verona grazie al 2° posto finale conquistato della squadra gialloblù.

Visto il doppio salto di categoria ottenuto in 3 anni, Maietta ha mantenuto la dichiarazione fatta ai giornalisti, appena acquistato dal club veronese, di riportare l'Hellas Verona nella massima serie nel giro di 3 anni. Beniamino del pubblico veronese, dal campionato 2011-2012 è stato insignito della fascia di capitano.

Il 24 agosto 2013 all'età di 31 anni, fa il suo debutto in Serie A nella partita inaugurale d'esordio del campionato 2013-2014 vinta dai veronesi per 2 a 1 contro il Milan.

Bologna: Il 22 luglio 2014 Maietta viene comprato dal Bologna. Esordisce in maglia rossoblù nella prima giornata di campionato contro il Perugia Calcio, e dopo vari infortuni e traumi che lo costringono a saltare alcune partite segna il suo primo gol contro il Frosinone Calcio, la sua ex squadra.

Squadre di club: fino al 2001: Juventus - 2001-2002: L'Aquila - 2002-2003: Triestina - 2003: Messina - 2003-2004: Avellino - 2004: Perugia - 2004-2007: Crotone - 2007-2008: Avellino - 2008-2009: Crotone - 2009-2010: Frosinone - 2010-2014: Verona - Dal 2014: Bologna.

Nazionale italiana: Durante l'esperienza presso la Juventus Maietta ottiene 30 convocazioni nelle Nazionali giovanili fino all'Under-20. Complessivamente raccoglie 21 presenze ed una rete. **1998**: Italia U-15 **1998-1999**: Italia U-16 - **1999-2000**: Italia U-17 - **2000-2001**: Italia U-18 - 2001: Italia U-20.

LE VIRTÙ DEL CIROTANO E DEL CALABRESE

Uomo & Donna: Carattere – Personalità – Pregi & Difetti

Come pure un cirotano, anche un calabrese, limita le sue intime relazioni personali, mentre è aperto verso i suoi più vicini familiari ed amici. Verso chi non conosce rimane quasi silenzioso ed umile, mentre un fuoco di pregiudizi e pareri potrebbero ardere dentro di sé. Per lui la famiglia è tutta la sua vota e l'unità di essa gli è sacra.

Egli dimostra una grande empatia verso i suoi amici, ma la pazienza si trova spesso al minimo. Tace volentieri davanti all'approvazione di un suo punto di vista, anche se gli viene chiesto. Il calabrese è facilmente incline a rispondere alla domanda fattagli, con un'altra domanda.

La parola o promessa che dà, vale spesso per quel solo momento e non significa quindi che più tardi, il giorno dopo o la prossima volta, abbia la stessa validità "a sira ca sì; a matina ca no" (la sera dice di sì, ma al mattino chissà se sarà un <u>sì</u> o un <u>no</u>). Questo fatto è molto positivo. Non è affatto negativo come molti potrebbero pensare. Ciò per il motivo che, ad esempio, se un calabrese al momento rifiutasse di darti qualcosa da te voluta, presso di lui rimane aperta la speranza che l'indomani te la dia comunque. Il tempo di ripensamento che potrebbe fargli cambiare idea, è sempre a favore di chi abbia avuto un no o un sì!

A volte e solo in base alle circostanze, alcuni potrebbero apparire inaffidabili ed improvvisamente imperfetti. Alcuni calabresi sono di memoria facilmente corta e pigra, e se non si sentono ripetutamente incoraggiati non muoveranno velocemente un dito verso il compito che si sono procinti o che hanno promesso ad altri di realizzare.

Per la bugia benevola il calabrese è maestro, il doppio senso della frase riesce ad interpretarlo bene e quasi sempre a suo favore, mentre la vera menzogna e lontana dalla sua mente. Pochi sono i suoi scatti d'ira, ma se ci sono, essi sono solo un innocuo modo per comunicare la sua disapprovazione, e l'eventuale voce a volume più alto dà enfasi al fatto che dovrebbe essere come dice lui.

Il leggero stridor dei suoi bianchi e sani denti, è solo un momento di agitazione e angoscia, è come un simpatico cagnolino che abbaia ma che assolutamente non morde. Tra gli abitanti di Cirò Marina di una volta vi è un detto: "Marinoto niveru e ciotu, ven' ra a' sira e ti pia ru mote" (cirotano innocentemente nervoso, arriva la sera e si adira un po'). Questo potrebbe far sembrare che il cirotano si infiammi o si irriti, anche per questioni di poco conto e che mantenga in sé l'ira per lungo tempo, ma non è così, perché basta rivolgergli un piccolo sorriso per farlo nuovamente sorridere.

E' risoluto, le sue frasi sono decisive e complete, espresse talvolta con orale e leggera violenza, con parole dette ad alta voce e con esagerata retorica, a volte un po' ironiche, ma sono frasi veritiere, che nascono da una grande saggezza, una sapienza ereditata da lontane generazioni e che fa chiaramente notare dietro questo zelante temperamento greco-latino.

Spesso, il calabrese dimostra d'essere fra le persone più pacifiche d'Italia. E' creativo, socievole, contegnoso, comprensivo, considerevole, perseverante, forse un po' suscettibile, ma comunque audace, diplomatico e vigoroso. E' molto romantico e cede facilmente ad una tenera lacrima di compassione e pietà. Per lui tacere è nobile e neanche difficile; parlando non fa mai capire all'interlocutore quel che egli sta' pensando. E' il figlio dell'uomo d'onore e di rispetto, l'onore di avere una buona reputazione fondata sulla pubblica stima, con la vera rispettosa onestà di una volta, quella che ha conosciuto poco e che a stento riesce ad imitare.

E' un grande lavoratore 'nu fatigaturu", energico, con un fisico che esplode in forza e vitalità. Non ha fretta di finire un lavoro ben fatto. Dorme solo il tempo necessario per riposarsi un po'.

L'emozione è il suo timone e non sempre il razionalismo o il buon senso altruistico, ciò nonostante si esprime con un sincero amor agape di fratellanza e senza un egoistico tornaconto.

E' primaria la generosità del regalare ad altri belle cose di valore, ma anche il diritto di avere quel che sembra gli spetti, mentre l'obbligo che ha verso altri per ottenere il suo diritto, se può negarlo un po' lo nega. I veri valori umani sono per lui impagabili. Nell'attività economica, ad esempio, se la controparte gli è un po' antipatica, o se questo dice una sola parola a lui offensiva e indesiderata, il commerciante calabrese, specie quello cirotano, è capace di annullare il migliore affare, pur se questo suo rifiuto è a suo proprio svantaggio.

Nel senso positivo egli è un uomo fiero e nazionalista, ma anche sportivo di spirito e secondo le norme della sana lealtà. Pochi d'essi sono mal pagatori "mali pagaturi".

Egli non crede velocemente ad una diceria, giudica con comprensione, pietà e perdono ed è sempre clemente verso chi si pente sinceramente. Non castiga né volentieri e né troppo presto. Non punisce mai per minime mancanze ricevute, per piccoli reati subìti o per semplici offese nei suoi confronti, specialmente se questi sono derivati da imperfezioni umane, da attimi di collera e seguiti da un sincero rammarico e pentimento.

Egli si prende sempre il tempo e la briga di accertarsi, per sapere l'accurata verità su una questione che gli riguarda, e medita profondamente prima di prendere una decisione.

Il calabrese in generale possiede una straordinaria intelligenza innata, che viene rivelata dallo sguardo acuto delle sue piccole pupille scure, quasi nere, che egli ti pianta in faccia fisso quando parla con te. Uno sguardo che ti segue e non si abbassa mai, che contiene sempre l'avvertimento di una pronta reazione alla gioia o al dolore da condividere, al parere discutibile, all'offesa o all'ingiustizia, specialmente se è a suo svantaggio. Gli bastano meno di tre minuti di colloquio per inquadrare le caratteristiche caratteriali e culturali di un qualsiasi individuo. Il fisico forte e robusto di qualcuno che gli sta' davanti non lo intimorisce affatto e non lo fa assolutamente indietreggiare.

Al calabrese, non sempre piace essere secondo a qualcuno, non si tappa le orecchie ai problemi, ma ha la stoffa d'esser un leader in molte situazioni; se necessita, troverà sempre un amico che lo può eventualmente aiutare o consigliare. Specialmente per il cirotano sono di massima importanza i valori morali e la sua condotta sociale è conforme ai sani principi di ciò che è buono e giusto.
Egli ha un sano senso di responsabilità verso se stesso ed altri.

Non è assolutamente un forte bevitore, ma un buongustaio di eno-gastronomia genuina e della cucina tipica casereccia, in particolare per quella cirotana e silana.

Una semplice famiglia cirotana

Per i cirotani l'altruismo e l'ospitalità a favore dei suoi ospiti sono fattori essenzialmente importanti

Talvolta è anche superstizioso, accetta il mistero solo per curiosità, mentre la verità sulla logica realtà dei fatti non gli fa cambiare il suo modo di pensare o agire che gli è stato insegnato. Egli dà più importanza e credenza a ciò che tangibilmente vede con i suoi occhi fisici, e a ciò che ha sempre saputo fin dalla sua giovinezza.

Egli diventa dolce, sottomesso, docile e molto rispettoso di fronte ad un qualsiasi forestiero. Se egli incontrasse un suo compaesano, o un corregionale in un luogo lontano della Calabria, questo diventerebbe senz'altro, da subito, uno dei suoi più affettuosi amici.

Per il calabrese, e nello specifico per il cirotano, l'ospitalità è sacra. A chiunque si può arrecare un'offesa o uno sgarbo, ma ad un ospite mai. Egli lo difenderebbe con la propria vita, anche se lo conoscesse da solo qualche minuto. L'aver mangiato alla sua medesima tavola, l'aver bevuto il suo medesimo vino, l'esser stati accolti nella sua intimità familiare, costituisce per egli un alto titolo di onorabilità e di massimo privilegio.

Per il cirotano, ospitare è in un certo senso, sinonimo di ossequiare con rispetto e di amare il proprio prossimo come se stesso. Tale tributo si effettua nel più premuroso dei suoi modi e nel più affettuoso frasario:

"siete a casa vostra" dice il calabrese al suo ospite; e coloro che ne hanno avuto l'esperienza sanno che questa non è una frase fatta.

L'ospite di un calabrese, deve sentirsi sempre a suo agio, in tutto ciò che le serve. Se voi ospite, rifiutate un suo bicchiere di vino, un suo pezzo di pane o quant'altro di buono vi voglia offrire, vedrete subito un'ombra di tristezza velare i suoi occhi; senza volerlo potreste averlo leggermente offeso; pur se poca, la sua era un'offerta forse semplice ma sincera, partiva dal suo cuore schietto e alieno da simulazione, forse ora pensa che doveva offrirvi qualcosa di diverso o comunque di meglio.

Riepilogando in breve

Fondamentalmente, il calabrese ed il cirotano è un bonaccione, di indole mite, onesto, astuto, coraggioso e lavoratore. Pur di avere quel sufficiente che gli necessita per il sostentamento della propria famiglia è disposto a fare infiniti sacrifici. Egli possiede un forte e piacevole carattere, una personalità gioiosa, ricca e vivace, con meravigliosi pregi che minimizzano gli eventuali difetti che, in varie misure, tutti gli umani possiedono.

Francamente dunque, tutti coloro che hanno un calabrese o un cirotano per amico riscontrano continuamente di possedere un tesoro di inestimabile valore.

Tutte accarezzate da un mare pulito, limpido e cristallino, le spiagge di Cirò Marina si estendono per diversi chilometri di lunghezza

UN EMIGRATO CHE E' RITORNATO NEL SUO PAESE NATIO SCRIVE:

"DEDICATO ALLA MIA CIRO' MARINA"

"Per l'intera mia vita ti ho amata e sognata... o mia Cirò Marina.
Durante tutti gli anni vissuti lontano da te, sei stata nel mio cuore il mio più grande desiderio... o mia esalta terra natia.
Tu sola e sempre eri il mio amorevole obiettivo di vera felicità.
Ed oggi che son tornato, ti ho trovata crescente e ancor più bella che mai...
non ti lascerò mai più... o mia gioconda.
Giuro, che ti adornerò di gloria ancor maggiore... o mio bel suolo.
Stò già gridando al mondo intero il tuo splendore, perché voglio accarezzarti e con dolce tenerezza ornarti d'onore e di ricchezza.
Voglio vestirti di lino pregiato, porpora e dignità, di perle rare e di prezioso scarlatto.
Voglio che tutti apprezzino con ardore il tuo bel fascino.
Si, ho tanto desiderato dedicarti questa mia opera scritta ed illustrata, che con fervore a tutti dò.
Perché desidero, che il tuo bel mare azzurro e le colline in fiore che ti circondano, ti sorridano di gioia.
Voglio che, il tuo caldo sole riscaldi ognuno che sa apprezzarti e che ti vuol veramente bene, che abbia per te un sincero affetto e sentimento ma con tutta l'anima, con tutta la mente e con il cuore in mano, come me".

PROVERBI CIROTANI

Un saggio, fondatore a Crotone di una scuola iniziatica. consiglia l'attitudine migliore da seguire:

♦ Quando ti vien fatto un qualsiasi torto, allontanati e non vendicarti mai.

♦ Se il tuo consigliere è sapiente, ti farà rimediare, ma anche tacere nonostante tu abbia ragione.

♦ Ricordati, che solo il più forte sa perdere e si farà vincere pur ingiustamente; tu comunque trionferai nel futuro e nel momento giusto; tu vincerai più reputazione e guadagnerai in salute, in tranquillità, e in longevità e non solo a tuo favore ma pure per chi ti vuol bene.

♦ Una promessa fatta resta per sempre un debito da pagare.

♦ Se il tuo SI, risulta frequentemente d'essere un NO, avrai sempre un crescente debito di ciò che hai promesso; ormai il tuo creditore ti chiuderà tutte le porte che ha verso il tuo progresso e verso una tua libertà. Questo si ripeterà fino a che non potrai più dire né SI e né NO.

♦ La puntualità è sinonimo di rispetto verso gli altri, chiunque esso sia.

SAPIENTE PROSPETTIVA CIROTANA:
praticare le dieci Pi di Pitagora
PRIMA PENSA - POI PARLA - PERCHÉ PAROLE POCO PENSATE PROVOCANO PENE

COME IDENTIFICARE UN VERO AMICO A CIRÒ MARINA
Egli o Ella = l'amico vero che sempre ti incoraggia

♦ *Egli* è sempre pronto ad aiutarti, specialmente nel momento della tua angustia.

♦ Se ad *Egli* hai posto un tuo problema, ti aiuterà a risolverlo di cuore e fino a che questo è risolto a tuo vantaggio.

♦ *Egli* è premuroso verso di te, senza alcun tornaconto personale.

♦ *Egli* ti farà sempre vincere se lo desideri e specialmente se è necessario, anche a costo che debba rimetterci.

♦ *Egli* è disposto a dire ad altri (*a volte*) anche piccole bugie pur di aiutarti, nonostante che *Egli* ami molto la verità.

♦ *Egli* non ti dirà mai qualcosa che possa danneggiarti, e non ti rivelerà un segreto altrui discutibilmente imperfetto che tu non possa rivelare a terzi.

♦ *Egli* odia le dicerie e ti salvaguarda da esse.

♦ *Egli* ti confida molto, ma non il suo più intimo privato.

♦ *Egli* dimostra d'esser per te un fratello per la pelle, coraggioso a tuo favore.

♦ *Egli* pensa che tu sei superiore a lui, avendo per te un profondo rispetto.

♦ *Egli* non ti critica, ma ti disciplina e ti da (*e ti chiede*) consigli amorevolmente.

♦ *Egli* non ti riprende su vecchi errori e mancanze che potrai aver commesso, quando ti perdona dimentica nei minimi particolari i falli sconsiderati del tuo passato.

♦ *Egli* è longanime, clemente e paziente verso di te e sopporta anche i tuoi difetti, riconoscendo che *Egli* può averne ancor di più.

♦ *Egli* è pronto a condividere con te quel poco che ha e quel che è necessario per renderti la vita più felice.

♦ *Egli* ti vuole bene in ogni tempo, ed il suo affetto per te non viene mai meno, neanche se lo offendi.

♦ *Egli* è per te facilmente avvicinabile e ha sempre un orecchio pronto e tempo disponibile.

♦ *Egli* gioisce quando tu sei contento ed è dispiaciuto quando tu sei turbato.

Domandati: *E' meglio avere un amico cirotano o un fratello lontano?*

IL GALATEO DELLA SPIAGGIA & PINETA
Ricreazione & Comportamento

La larga spiaggia di sabbia che è a disposizione di Cirò e Cirò Marina è lunga oltre 10km..Dal lato nord verso sud, l'arenile inizia dalla costa che confina con Torretta di Crucoli, lungo il pendio di Madonna di Mare che è avvolto da una Pineta sempre verde; attraversando molti lidi e stabilimenti balneari sia prima e sia dopo la curva di Punta Alice al Faro, la spiaggia costeggia il lungomare della cittadina stessa di Cirò Marina, poi attraversa il Porto turistico-peschereccio, e lungo un secondo campeggio sul mare arriva alla zona del Solito Posto toccando i vigneti di Brisi che la costeggiano fino a Torre Melissa. Sul mare di Cirò Marina sorvolano numerosi e grossi gabbiani, con un ampiezza di ali che misurano facilmente un metro. Questi robusti volatili, oltre ad essere dei buoni pescatori, collaborano in gruppo nel ripulire l'intera spiaggia dai resti alimentari lasciati lì dai bagnanti.

Ancor prima di Punta Alice fino ed oltre Madonna di Mare, la spiaggia costeggia con una fascia di dune sabbiose dove cresce una vasta varietà di piantine rare e fiori tropicali da ornamento. Affiancate a queste dune, vi sono i boschetti sempreverdi della "Pineta delle quaglie" (così chiamata da alcuni anziani del paese); la quaglia è il volatile che fino a circa 50 anni fa viveva in questo fitto boschetto sabbioso. Parte di questo piccolo parco naturale è stato preparato con diversi tavoli e panche di legno massiccio, per favorirne così un piacevole pic-nic familiare all'ombra del sole e vicino al mare.

Questa zona ospita anche dei simpatici ed innocui grilli di diverse misure e colori. Nella pineta vi sono anche lunghissimi e comodi sentieri, in particolare, alcuni di questi sono usati per i cavalli da passeggio. Gli autoveicoli possono essere parcheggiati in appositi piazzali che si trovano tra la spiaggia e la pineta.

L'intera zona è un ricco e remoto luogo archeologico della Magna Grecia, quindi, gli appassionati di antichità, specialmente coloro che sono in possesso di un detector terrestre (rivelatore di radio-onde), potranno soddisfare le loro ricerche, cercando e trovando ciò che il tempo di 3000 anni fa ha nascosto fino ad oggi. (comunque, è da tenere in seria considerazione che tutti i tesori archeologici della zona sono di legittima proprietà dello Stato Italiano).

EDUCAZIONE URBANA NEI RAPPORTI SOCIALI

▪ Sulla spiaggia ed in pineta è vietato costruire casette o baracche di qualsiasi tipo e materiale e pernottare senza l'autorizzazione delle Forze dell'Ordine.

▪ Sulla spiaggia è vietato l'accesso, il parcheggio e il transito di autovetture, motocicli, cavalli, cani e altri animali anche se domestici e di piccola taglia.

▪ Tutti i propri rifiuti, avanzi, scarti, spazzatura e immondizia vanno completamente raccolti e chiusi per bene in buste di plastica, dopodiché vanno depositati dentro gli appositi contenitori Comunali che si trovano sulla spiaggia o nei sentieri aderenti ad essa; se questi contenitori si trovassero già colmi, i rifiuti vanno posti ordinatamente di fianco al contenitore stesso.

▪ Nel caso possa dare fastidio ad altri bagnanti, sulla spiaggia, sulla riva del mare ed in pineta è meglio evitate il gioco del pallone.

▪ Sono vietati tutti gli sport e giochi che potrebbero disturbare la tranquillità e la sicurezza di altre persone.

▪ É vietata la pesca con l'amo dalla riva e bagnasciuga del mare.

▪ É vietata la pesca con il fucile subacqueo, con fiocine e altre armi subacquee a molla e non, nelle vicinanze di altri bagnanti (tenersi a circa 200 metri di distanza).

▪ Se guidate una imbarcazione marina, state attenti a non investire qualche sommozzatore o nuotatore.

▪ Ogni singolo subacqueo e sommozzatore, quando fa una lunga o corta immersione nei fondali marini, dovrebbe essere collegato (con una fune) ad una boa o pallone galleggiante ben visibile (approvato a norma di Legge); questo per far capire ad ogni imbarcazione in transito che in quelle vicinanze vi è la presenza di un sommozzatore o subacqueo, onde evitare così il pericolo di travolgere o essere travolti da una imbarcazione o scuterone d'acqua.

▪ In pineta fate attenzione a non provocare incendi con cicche, altri oggetti o materiale infiammabile.

▪ Nell'intero territorio della pineta e quindi anche nei luoghi sistemati per il pic-nic, è severamente vietato accendere fuochi di ogni genere o fare il barbecue nei punti non assegnati per lo scopo.

▪ Per i fumatori: accertarsi sempre che l'eventuale cicca di ogni singola sigaretta sia spenta per bene e definitivamente.

▪ E' severamente vietata, la discarica di ogni tipo di rifiuti e spazzatura in tutti i luoghi della zona.

Coloro che necessitano discaricare rifiuti, spazzatura o deporre frantumi di ogni genere, in diverse quantità, devono richiedere presso l'Amministrazione Comunale l'autorizzazione e l'indirizzo dove effettuarlo).

**"COOPERIAMO TUTTI PERUNA CITTÀ PULITA ED UN MARE LIMPIDO,
CIRÒ MARINA MERITA DI MANTENERE UNA SPIAGGIA ED UNA PINETA
ANCOR PIÙ PULITA E LINDA".**

ATTENZIONE !!!

Vengono verificati controlli ed emanati verbali e multe dai vari reparti delle Forze dell'Ordine: Guardia Forestale, Polizia di Stato, Polizia Comunale, Carabinieri, Guardia Costiera e Polizia per elicottero.

LO SHOPPING DURANTE L'ESTATE
Prezzi - Qualità - Garanzie & Sicurezza

Scontrini, ricevute e fatture fiscali

Escludendo alcune bancarelle di venditori ambulanti, ogni esercizio è per legge obbligato a consegnarvi una ricevuta di pagamento per ogni vostro acquisto.

- Eventualmente, sentitevi liberi di richiederlo, è un vostro diritto. Controllate sempre le cifre di denaro e le unità di prodotti segnati sul vostro scontrino.

Garanzia di recessione merce

Il cliente ha il diritto di ritornare la merce (escluso a volte i prodotti freschi) entro 10 giorni dall'acquisto (diritto di recessione o ripensamento, ai sensi del D.L. gs-10/1/92 n° 50).

- Il prodotto da restituire, deve essere naturalmente ancora in confezione integra, completo e per intero. Il prodotto può essere sostituito o totalmente rimborsato.

Bilance

Le bilance automatiche che si trovano nei negozi e pure quelle con sospensione inferiore a quelle elettroniche, dovrebbero essere regolarmente ispezionate sulla loro affidabilità dagli Enti ufficiali competenti.

- Per quanto riguarda la bilancia automatica, quella munita di una lancetta che indica sul quadrante il peso dell'oggetto posto sul piatto, per rendere all'acquirente possibile il poter controllare l'esatto peso della propria merce, egli deve accertarsi che la lancetta stia inizialmente sullo zero.

- Per controllare il peso delle bilance manuali con i pesi (Stadera o Romana, con uno o due piatti), siccome il peso viene misurato manualmente, l'acquirente deve osservare il peso posto e caricato dal venditore stesso.

- E' sempre meglio e fortemente consigliato che l'acquirente stesso controlli l'esattezza del peso ed il prezzo che gli viene calcolato.

Articoli senza prezzo

Nei supermercati e nei migliori e seri negozi troverete il prezzo commerciale segnalato, su ogni articolo, mentre, presso alcuni negozi a volte viene omesso (nonostante sia obbligatorio).

- Ne caso non vi sia il prezzo è consigliabile che lo richiediate ancor prima di ordinare la vostra merce.

- Specialmente per i generi alimentari, in alcuni negozi per nulla seri, il prezzo vero può essere a volte ingiustamente cambiato e aumentato dal negoziante, questo in base a chi è il cliente-acquirente in quel momento (se è un turista, uno conosciuto o meno).

- E' da apprezzare il fatto che, nella zona del cirotano non sono affatto noti simili inconvenienti.

Discutere sul prezzo

A volte, qualcuno è incline a chiedere uno sconto sul prezzo già noto della merce, comunque è consigliabile non avviare una esagerata discussione sul prezzo che vorremmo pagare per la merce che desideriamo, questo per evitare improvvisi ed inutili litigi.

La giusta misura dell'abbigliamento

I vestiari presentati dai negozi, potrebbero anche essere di un'altra misura di quella marcata nell'abbigliamento stesso. Prima di acquistarli è dunque consigliabile che li indossiate.

Freschezza e qualità

Controllate sempre la data di scadenza delle conserve e dei prodotti freschi. Accertatevi che gli alimenti freschi (frutta, verdura, carni, pesce, formaggio, pane) siano veramente freschi e che vengano conservati alla giusta temperatura (NB: per i prodotti freschi non esiste un diritto di recessione o di ripensamento).

- Toccando e a volte anche degustando prima di acquistare, la qualità dei generi alimentari si può liberamente e personalmente selezionare; diversamente è per la qualità dei prodotti non-alimentari, ciò dipende dall'articolo stesso che scegliete.

Per gli elettrodomestici, ad esempio, viene offerta una garanzia sulla qualità e funzionalità, questa e altre condizioni sono determinati dal produttore e/o dal negoziante stesso.

Ladri e scippatori

La zona del Cirotano è praticamente esente da furti, scassi e scippi, questo viene rivelato, statisticamente, da una bassa percentuale di casi, in paragone con altre zone della Calabria e del resto d'Italia. Questa realtà comunque (dando enfasi alla tranquillità), non garantisce una libera custodia o piena sicurezza dei vostri beni.

▪ Siate quindi sempre all'erta, salvaguardandovi, per non offrire alcuna possibilità ad eventuali malintenzionati (l'occasione fa il ladro).

▪ Quando parcheggiate la vostra autovettura incustodita, accertatevi sempre che sia ben chiusa, incluso tutti i finestrini.

▪ È consigliabile non lasciare mai nell'interno l'originale del Libretto di circolazione, il Certificato di Proprietà (P.R.A.), il Contratto di polizza e altri documenti e oggetti di valore.

Le Forze dell'Ordine sono sempre a vostra disposizione con un intervento immediato, per offrirvi così la massima e gentile assistenza.

IL TRAFFICO STRADALE DURANTE IL PERIODO ESTIVO

Durante l'estate la presenza di autovetture in Cirò Marina si duplica e a volte si triplica; questo potrebbe far rallentare notevolmente il traffico stradale in diversi punti della città, specialmente sul Lungomare e sulla Via Roma. Difatti è consigliabile viaggiare in 2° marcia o con una leggera accelerazione in 3° marcia. Molto ordinatamente e con perspicacia, i Vigili del Comune, volontari e le Forze dell'Ordine di Polizia, salvaguardano con diligenza che il traffico, le soste, il parcheggio ed il transito pedonale venga effettuato ordinatamente.

Come in tutta l'Italia, anche nell'intero crotonese e nei luoghi abitati, durante i viaggi in autovettura è obbligatorio mettersi la "cintura di sicurezza", quindi anche in Cirò Marina. Per le moto e motocicli è obbligatorio l'uso del casco durante ogni tragitto.

Per la propria sicurezza e quella degli altri è severamente vietato guidare qualsiasi veicolo mentre si parla con il telefono cellulare in mano. Se vi capitasse un sinistro (*un incidente*), anche se lieve e sia con torto che con ragione, non esitate a chiamare comunque le Forze dell'ordine. A volte purtroppo, necessita che un veicolo venga verbalizzato con un semplice preavviso o in casi estremi con una contravvenzione.

Parcheggio

Anche la capacità di parcheggio potrebbe subirne notevoli conseguenze in molti luoghi della città.

Potrebbe anche capitare che un turista parcheggi la sua vettura davanti al portone di casa di un cittadino locale, dove questo è abitualmente propenso sedersi, con la sua sedia, durante il giorno o la sera o a parcheggiarvi abitualmente la propria vettura (cosa che ha sempre potuto fare); in questo caso il turista potrebbe essere invitato dall'abitante di quella casa a spostare la sua vettura. Anche se questa possibile e imbarazzante situazione che si è creata non sembri molto razionale e giusta, il turista ha pure la facoltà di rifiutare facendo valere i suoi diritti urbani, ma potrebbe anche tollerare ed accettare questo invito, evitando probabili ulteriori controversie, basate su diritti e doveri di Leggi scritte sul codice stradale.

Accettando l'invito proposto dall'abitante di quella casa si evitano anche inutili attriti, provenienti in effetti dal fatto che durante l'estate vi sono in città troppe autovetture in un modesto spazio di centro abitato, che misura *circa* 1000x 1000 metri; (comunque, vi è sempre un posto per il parcheggio a pochi metri da ogni abitazione, dal centro città o dal lungomare).

Cercate di non irritarvi nel caso un automobilista abbia parcheggiato la sua autovettura in doppia fila, oppure se due o più conducenti si fermano con le loro vetture a chiacchierare brevemente, nel mezzo della strada, bloccando così l'intero traffico stradale. Anche se è fuori norma, questo particolare atteggiamento stradale fa parte di una usanza locale, dove il tempo scorre ancora senza stress di affanno, fretta e logorio della vita, dove la propria pazienza e la tolleranza verso il Prossimo viene espressa rispettando gli atteggiamenti, usi e costumi sociali scelti e abituati da altri individui, specie se questi comportamenti potrebbero sembrare provocatori (la pazienza è la virtù dei forti).

Segnali stradali e viabilità

Fate attenzione alle strade con precedenza, specialmente dove i cartelli stradali verticali e le segnaletiche orizzontali mancano, o sono poco o per niente leggibili. Anche se chi proviene da destra ha la precedenza, molti abitanti locali (anche se provenienti da destra) sono abituati ad offrire la precedenza a tutti i veicoli che si trovano su una strada più larga o più centrale, anche se in queste, a volte, vi sono o no cartelli con precedenza, come ad esempio: Via Roma, Via Tirone, Via Togliatti, Via V. Emanuele, Lungomare, ecc.

Il Lungomare di Cirò Marina

Durante alcuni orari di traffico intenso, potrebbero sorgere anche delle file, in questo caso chi proviene da sinistra o chi attende un'occasione per procedere con la sua vettura, potrebbe fermarsi per troppo tempo; utilizzando il sistema chiamato "Cerniera Lampo" invece, il traffico stradale potrebbe fluire con più rapidità. Il sistema "Cerniera Lampo", consiste che, un veicolo per volta saltuariamente (a prescindere da quale lato della strada provenga la vettura), si unisce alla fila, ottenendo la bontà di un'amichevole precedenza dalla vettura che già si trova in quella fila. Questo "motto" di sportiva cooperazione mentale e razionale: "prima tu e poi io" cioè: Cerniera Lampo, offre un duplice effetto positivo, facendo evitare la lunga attesa per poter procedere, mentre il traffico totale scorre più velocemente (esente da proteste da parte di chi aspetta per troppo tempo) e con meno rischi di incidenti.

Per pigrizia, dimenticanza o disattenzione, a volte alcuni automobilisti potrebbero non usare le frecce quando svoltano a destra o a sinistra da una strada o quando escono da un parcheggio o cambiano corsia, o quando sorpassano un altro veicolo; cercate quindi di prevenirli. È proprio per questa mancanza di avviso di manovra che spesso si crea un'alta percentuale di sinistri.

I pochi dossi stradali piazzati qui e là sul manto stradale, hanno il giusto obiettivo di far rallentare la velocità di tutti i veicoli. La necessità di questi dossi, si è resa molto efficace per il fatto che alcune strade lunghe e affollate hanno dato prova di essere molto pericolose al traffico, sia per i veicoli stessi che per i pedoni. Riguardo alla presenza di questi dossi stradali, le reazioni di molti abitanti e turisti della zona sono state positive e lodevoli.

Nonostante che per molti automobilisti, l'abituale passeggiata in macchina sia divenuta meno piacevole, le esclamazioni di altri cittadini anziani, disabili, mamme e bimbi furono espresse con queste parole: "Finalmente possiamo attraversare la strada tranquillamente e senza correre il rischio e la pericolosità di essere investiti". Considerando il fatto che alcuni dossi potrebbero essere troppo alti per alcuni autoveicoli, è consigliabile transitarli a passo d'uomo, evitando così eventuali ed inutili danni ai propri veicoli.

Una delle immense spiagge di Cirò Marina - Zona: Punta alice

Cirò Marina - La zona del fiume Lipuda

IN QUAL SENSO IL TEMPO SI È FERMATO A CIRÒ MARINA?

Il tempo si è fermato sulla Costa cirotana, affermandosi una delle zone estive italiane per una vacanza dove la natura è ancora intatta. Visitando il mondo intero, dai continenti più lontani fino alla nostra Italia, ovunque vi sono contrasti naturali. Scopriamo nuove terre, nuove culture, nuove dimensioni e nuovi stili di vita; ciò nonostante, in ogni paese vi è la stessa estensione di tempo, quel tempo che non si ferma mai.

La direzione dell'orologio evolutivo mondiale va' solo è sempre più avanti verso il modernismo di una civiltà industriale ma comunque inquinante. Arrivati nel territorio del Cirotano invece, con stupore ci si accorge subito, che il tempo della moderna evoluzione con le sue contaminanti fabbriche non appartiene a questa zona. Entrando in questo verde territorio, si ha una prima impressione di ritornare indietro nel passato di molti decenni; difatti, molti appartenenti a questa popolazione sud italica, non conoscono ancora l'esperienza dello stress e la frenesia della vita moderna e sfrenata come la si trova nelle grandi metropoli.

Molti degli abitanti del Cirotano, vivono ancora in una società dove regna la calma, la pace e la tranquillità della vita naturale e semplice, quasi identica a come era originariamente nel passato in tutta la Costa Ionica del Crotonese.

Questa lontana porzione dello stivale Italico dove il tempo (in un certo senso) si è fermato, ha un grande vantaggio in paragone al resto d'Italia, poiché quel poco progresso di tecnologia chimica ed industriale, che anche qui si sta lentamente ma progressivamente infiltrando, non ha guastato affatto la sua naturale e verde vegetazione, la terra agricola, le sorgenti d'acqua pura provenienti dalla Sila, la cultura, le tradizionali usanze di un tempo remoto e le benevoli relazioni umane ancor qui presenti e ben evidenti.

La zona ciromarinese, tra tante località estive, è rimasta ferma nel tempo fino a rivelarsi un'oasi solare dello stivale italico tutto ancor vergine, dove si fa turismo professionale con un ottimo spirito di ospitalità.

Oltre alla semplicità paesana, una diversità linguistica dei Cirotani si nota anche nel loro simpatico dialetto, frutto dell'incrocio idiomatico dei numerosi popoli stranieri che nel corso dei millenni sono succeduti su questo suolo. In linea generale, il dialetto cirotano è somigliabile all'antico greco con tinte di romano italianizzato con un misto di latino; tuttavia, nella completezza dei particolari vocaboli, si potrebbe quasi pensare ad una vera e propria lingua.

Annualmente, Cirò Marina riceve la Bandiera Blu, un omaggio di "Merito Internazionale" che riconosce il suo mare pulito, azzurro cristallino, vellutato, trasparente e pescoso, questa bandiera sventola maestra lungo le sue larghe e sabbiose spiagge. Non c'è dubbio che il verde della natura che qui è ancora una madre amorevole e generosa, supera qualsiasi complimento, presentandosi con folti boschi e verdeggianti oliveti, ruscelli e fiumare d'acqua pura e zampillante, con agrumeti biologici, vigneti d'uva di prelibata ed altissima qualità che produce il Cirò D.O.C. riconosciuto ufficialmente nel mondo fra i migliori vini d'Italia.

É un panorama esotico circondato dalla grande Sila "il Giardino d'Italia", che viene avvolto ed incorniciato da un cielo libero da ogni tipo di inquinamento industriale. In questa zona che somiglia al sub-tropico, scopriamo anche una Eno-Gastronomia senza pari che è ancor legata al tempo remoto, alla genuinità ed alla purezza della vecchia cucina casereccia che ci fa ricordare l'inizio del XX secolo appena concluso.

Hotel il Gabbiano - Cirò Marina

La zona del Cirotano e del Marchesato è ricca di palazzi e residenze monumentali, di Castelli medioevali, di monumenti risalenti all'epoca della Magna Grecia remota, di Torri di avvistamento antichissimi, di Templi greci, di Archeologia di inestimabile valore storico e culturale, di pittoresche chiese e cattedrali, di Ville lussuose, di Palazzi residenziali e di grandi abitazioni nuove e di gran lusso con immensi giardini privati.

Cirò Marina, oltre a possedere uno Stadio sportivo per il gioco del calcio professionale ed altri sport atletici all'aperto, ha pure un imponente Palazzetto dello Sport che oltre alle tante comodità, ha la capacità di 1.700 posti a sedere. Oltre a possedere diverse e bellissime piscine all'aperto nelle varie strutture alberghiere, l'Amministrazione Comunale di Cirò Marina ha realizzato una grande piscina coperta, completa di impianti modernissimi ed all'avanguardia.

Nella zona turistica del cirotano il turista più esigente può affittare bellissime ed inimmaginabili residenze e con i migliori e professionali servizi alberghieri. Vi sono a disposizione: ville, villini, bungalow, appartamenti, campeggi internazionali, villaggi ben attrezzati, fattorie con servizio agriturismo, Bed & breakfast, hotel di lusso con sauna e palestra, con piscina e spiaggia privata e con servizi e comodità di ogni genere e categoria.

Spiagge e Parco Acquatico nella zona Nord di Cirò Marina

Tutte le informazioni turistiche, si possono avere (fra l'altro) presso gli Enti dell'Assessorato al Turismo Regionale, Provinciale e Comunale, Aziende di promozione turistica, Proloco, Associazioni di Tour operator, Agenzie di viaggi e turismo e presso Agenzie turistiche nazionali e locali riconosciute dalla Camera di Commercio.

Hotel il Gabbiano - Cirò Marina

Tantissime sono state le lodi confermate da turisti, ospiti e stranieri, che ripetutamente e volentieri ritornano annualmente in questo paese di sole. Si, "il tempo si è fermato nella Costa cirotana", ma senz'altro positivamente riguardo alla verdeggiante natura ancora incontaminata che la circonda; "il tempo si è anche fermato" offrendo a tutti un mare pulito, cristallino, trasparente e non inquinato; "il tempo si è fermato" festosamente, con le sue antiche tradizioni e attività culturali, sociali ed eno-gastonomiche ancor qui esistenti; "il tempo si è fermato" in questo lembo italiano di terra lontana, così da presentarsi come una gentile ed ospitante oasi di pace e tranquillità, dove non regna il caotico stress delle grandi metropoli delle città industrializzate, ma un luogo dove ognuno si può sentire come a casa propria in un circondario di accoglienti amici.

Hotel il Gabbiano - Cirò Marina

UN SONDAGGIO RIGUARDANTE IL TURISMO LOCALE
(eseguito fra vari turisti da un gruppo di Tour Operator)

"Nella zona di Cirò Marina e dintorni, vi sono una dozzina di alberghi ed hotel, alcuni sono di grande lusso e vicino al mare, offrono servizi professionali, un'ottima cucina casereccia con specialità locali e nazionali, piscine interne ed esterne, sauna, palestre, spiaggia privata, varie ricreazioni ed escursioni marine e montane.

Vi sono bellissimi campeggi tra cui uno internazionale e tra i migliori e i più grandi d'Italia, graziosi villaggi turistici con appartamenti e bungalow che si presentano come piccoli paradisi per le famiglie con bambini ma anche per adulti, coppie, single e per tutte le età. Vi sono tantissimi ristoranti, pizzerie, bar con terrazzi, pub, stabilimenti balneari, discoteche, sale da ballo, grandi supermercati e negozi con articoli e vestiari di marca; vi è pure un gigantesco Acqua park ed il Parco nazionale della Sila è molto vicino.

Nel centro abitato e periferie vi sono tantissime manifestazioni, spettacoli ed attività culturali e musicali. La eno-gastronomia locale è ricchissima, molto variata e genuina. La popolazione locale possiede un grande cuore per l'ospitalità e per il reciproco rispetto altrui, in particolare verso gli stranieri. É stato pure constatato che la maggioranza dei loro abitanti, esercenti, albergatori, ristoratori ed Enti di turismo locale, si incoraggiano a vicenda per il miglioramento turistico, per quanto riguarda le infrastrutture alberghiere e nel promuovere una buona mentalità turistica inter-nazionale.

Questa zona d'Italia progredisce professionalmente e a grandi passi verso il turismo in massa; gli albergatori possiedono il sostegno e l'aiuto da persone esperte e da Enti competenti che hanno un orientamento internazionale, multi-linguistico e sono efficacemente qualificati. Essi puntano zelantemente verso un sano turismo, ottimi servizi e un'accoglienza ben organizzata, con l'intento di ottenere una sempre maggiore e crescente competenza ed efficienza, affinché si sviluppi un andamento mentale di accoglienza turistica all'avanguardia, che metta questo paese alla pari con altri paesi italiani ed esteri di alto livello, paragonandosi così, con il resto d'Europa nel campo del turismo professionale."

IL CROTONESE & CALABRESE
Tradizioni, Artigianato, Cultura, Costumi, Cucina, Vini, Curiosità & Sapori

Il territorio del Crotonese è una vasta zona, da una parte confina con il Parco della Sila e dall'altra costeggia una delle più belle panoramiche della costa Ionica Calabrese. La città di Crotone è il capoluogo provinciale e conta 27 Comuni su una superficie di 1.717 kmq. Gli abitanti della provincia sono circa 180.000, con una densità di 104 abitanti per kmq. La città di Crotone da sola conta quasi 60.000 abitanti.

Crotone fu fondata in epoca storica nel 710 a.C. dagli antichi dell'Acaia Greca. Divenne una delle più potenti città del quinto impero mondiale che fu la Grecia. Fu occupata dal condottiero Annibale di Cartagine ed in seguito anche dalla sesta potenza mondiale romana. Splendente fu la scuola istituita da Pitagora di Samo; a lui si deve un Governo aristocratico di metafisici che, con una rigida disciplina, preparò una nuova era scientifica internazionale.

La tenacia e la saldezza di Crotone è nota fin dai tempi degli assedi dei Goti (533, 542 e 547 d.C.); questa fu l'antica popolazione germanica originalmente stanziata in Svezia e progressivamente in Russia, Spagna, Italia e resto d'Europa; l'imperatore d'oriente Giustinianeo, soccorse Crotone da questo assedio inviando un esercito guidato dal generale Belisario, che liberò Crotone e l'Italia conquistandola dalla Sicilia fino alla Pianura Padana.

Per oltre duemila anni, Crotone è stata una città greca, con i suoi templi, colonnati e monumenti architettonici. Purtroppo, durante il XIV secolo i grandi resti della civiltà greca furono saccheggiati per reperirne pietre da costruzione per edifici. Anche il famoso Tempio Heraion venne progressivamente demolito fino a lasciarne solo la pavimentazione con due colonne, una delle quali cadde durante il terremoto del 1638.

Costumi tradizionali

Oggi, a valorizzare la ricchezza culturale del territorio, oltre ai monumenti, ammiriamo anche i costumi tipici e tradizionali, specie quelli femminili che sono ispirati all'austerità, come a simboleggiare la modestia e le laboriosità locali proprie delle genti di montagna; questi costumi comprendono un copricapo sobrio, mentre il resto dei vestiti sono armoniosi e riccamente colorati.

L'arte della tessitura risale al periodo della Magna Grecia, già allora tutte le famiglie possedevano più di un telaio. La materia prima più antica è la lana, ma la tessitura locale è diventata famosa grazie alla lavorazione della seta che veniva importata. Crotone è celebre per i filati ricavati dai fiori di ginestra che vengono raccolti in grandi fasci alla fine di ogni estate. Con la fibra di ginestra si ottengono tessuti piuttosto grezzi, ma è anche possibile realizzarne di più morbidi pettinando i filamenti con i cardi.

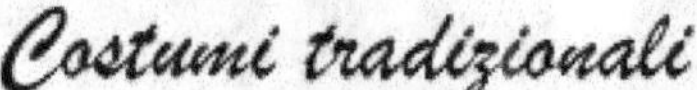

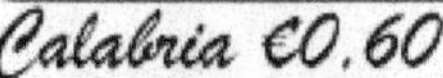

Si chiama la "bella Pacchiana" e le sue origini sono strettamente collegate alla grande abilità dei tessitori delle province calabresi; stiamo parlando del costume tipico originario di tre comuni: Tiriolo, Marcellinara e Settignano, ma la "bella Pacchiana" è divenuto pure il simbolo di tutta la regione Calabrese; questo abito veniva in passato sontuosamente decorato con ori luccicanti e finemente lavorati dagli artigiani locali; attualmente si hanno notizie da alcuni atti notarili risalenti al seicento.

Ancor oggi, nella sua versione più diffusa, la "bella Pacchiana" è composto da più strati e più pezzi decorativi. Ci sono la "suttana" che è una sottoveste bianca, ed il "pannu" che invece è una sopravveste; poi è la volta della "jippune" e cioè un corpetto a mezze maniche, mentre il "ricciu" è un colletto arricciato; vi è anche il "dubriettu" che è una gonna scura raccolta posteriormente; il "misalu" e l'immancabile grembiule; le "maniche" sono raffinati manicotti in seta. Il tutto è completato dal prestigiosissimo "vancale" che è uno scialle a righe traversali tessuto a telaio. Questi sono, tra i manufatti calabresi regionali i più caratteristici, dove si producono anche variati e pregiati pizzi.

Opere artigianali

Di grande valore è la produzione a mano di merletti e ricami, legati ai tipici costumi calabresi, all'arredo sacro ed al corredo. Ancor oggi, vengono eseguiti pazientemente col tombolo e con l'uncinetto. Esistono anche cooperative giovanili guidate da esperte artigiane che riproducono antichi modelli.

Dalla tessitura alla ceramica, dalla lavorazione dei metalli a quella del legno, ogni angolo della Calabria come anche il crotonese offre una sorpresa. Molte risorse naturali tra le mani di abili artigiani, si trasformano in oggetti d'arte. Le liste di legno e di castagno, una volta intrecciate diventano cestini. Le fibre di ginestra, tessute su antichi telai si trasformano in tappeti. L'argilla plasmata sul tornio, diventa di volta in volta una caratteristica brocca, una scultura neo-greca o una tipica maschera locale. Inoltre con la rafia di una pianta locale, l'arbusto del mirto e le foglie del giunco nascono abili lavori di intreccio, sia per abbellimento che per canestri. La fama e la fortuna viene sorpresa nella produzione orafa artigiana.

Questa si sorprende anche nei vistosi gioielli, ori e argenti dell'artista e orafo crotonese Gerardo Sacco, indossati anche nei vari film hollywoodiani, tra l'altro da Elisabeth Taylor nel film: Cleopatra.

La realizzazione dei gioielli a forma di cuore è spesso legata ai sentimenti amorosi. La vasta serie di manufatti collegati alla sfera sentimentale sono una realtà molto curiosa, si trovano stecche per busto realizzate in osso o legno incise con romantici motivi come cuoricini, coppie di innamorati ed anche scritte amorose.

La musicalità popolare calabrese è da sempre espressa con la zampogna. Gli artigiani ne realizzano quattro differenti tipi a seconda delle zone della regione; vi è quella "Surdulina" a quattro canne diffuse nella provincia di Cosenza; quella "a Chiave" a cinque canne della provincia di Catanzaro; quella "a Paru" a cinque canne della provincia di Reggio e quella "a Moderna" che è una sintesi fra quella "a Chiave" e quella "a Paru".

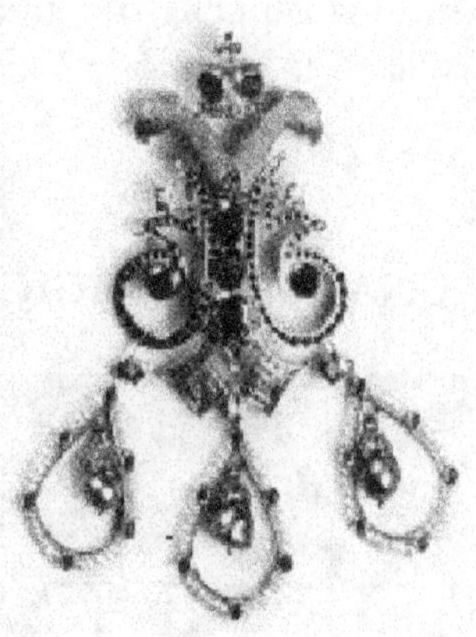

TRADIZIONI, RITUALITA' RELIGIOSE & SUPERSTIZIONI

Nel crotonese il consumo di dolci e cibi in genere è storicamente legato a rituali tradizionali e religiosi. Il 13 dicembre, ad esempio, per santa Lucia si prepara la "Cuccia dolce" fatta con grano tenero messo a bagno, poi bollito nel miele di fichi o nel mosto cotto con gherigli di noci, buccia secca d'arancia e chicchi di melagranata.

Questa "Cuccia" è associata a diversi culti, e molte divinità cristiane e pagane vedono così solennizzata la loro ricorrenza. L'obiettivo di queste usanze culinarie è sempre quello di propiziarsi di forze invisibili e sovrumane, capaci di agire in maniera "eccelsa" per esorcizzare l'esiguità del cibo e della morte.

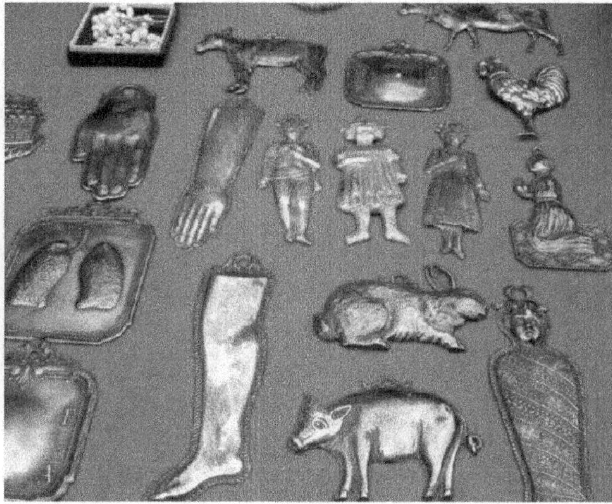

Secondo la classica ambivalenza dei simbolismi, nella tradizione locale, sognare dolci e confetti è segno di disgrazie in arrivo e di cattivo augurio. Tra le produzioni caratteristiche del folclore calabro-crotonese, ci sono anche dei particolari oggetti chiamati gli "ex-voto". Questi oggetti vengono fatti normalmente a mano e realizzati in oro, in argento e di cera; essi rappresentano visibilmente la parte del corpo umano per cui si chiede o si è già ottenuta la grazia di guarigione.

Le varie forme di questi "ex-voto" vengono ordinati a pagamento presso i ceraioli, che producono e modellano oggetti di cera con metalli preziosi nella forma desiderata dal richiedente. Durante le composizioni delle parti interne del corpo umano o animale, i ceraioli (per avere un modello), copiano osservando i diversi organi animali che hanno ottenuto presso una macelleria locale; mentre per le parti esterne del corpo umano, fanno calchi dal vivo usando qualche familiare vicino.

La fede tradizionale, abbinata a questa antica credenza, comprende il fatto che, consegnando l'ex-voto predisposto come l'organo che è malato, presso la propria divinità protettrice (questa rappresentata da una statua che si trova in una chiesa, in una cappella o comunque in un tabernacolo) se ne ottiene o almeno si spera di ottenere la guarigione del malato in questione.

L'AFFASCINO: E' UNA MALIA MAGICA O UN SEMPLICE SBADIGLIO?

Il mondo medico, descrive lo sbadigliamento: "Come un atto respiratorio accessorio, che consiste in una lenta e profonda inspirazione, seguita da una breve espirazione, cui si accompagnano caratteristici rumori e stiramenti delle braccia e del tronco; lo sbadigliamento è contagioso e può essere un segnale di fame, noia o di sonno".

A Cirò Marina e circondario invece, alcune persone interpretano lo sbadigliamento in una maniera completamente diversa. Specialmente i più anziani, affermano che questo è un segnale d'allarme che riguarda il concetto e la sicura evidenza derivante dal fatto che, un qualcuno, abbia emanato verso colui, verso colei, o verso più persone che contemporaneamente sbadigliano, un pensiero o una frase che implica un complimento dubbiosamente positivo e che potrebbe anche contenere una certa misura di gelosia o invidia.

Chi è soggetto a questa forma misteriosa di sbadigliamento, denominato: affascino o malia, può subirne anche un noioso mal di testa che potrebbe durare molte ore, giorni e persino diverse settimane, se non viene cancellato o tolto.

Secondo coloro che ritengono di esserne degli esperti, il togliere questo perverso circolo vizioso dell'affascino, può avvenire in due o più modi, noi ve ne riveliamo due:

1°) Una persona che ritiene di esserne capace conoscendone il segreto, fa una serie di specifiche preghiere a favore dell'affascinato. Solo durante una di queste preghiere può cessare lo sbadigliamento dell'affascinazione. Le preghiere sono segrete, tuttavia noi ve le riveliamo.

La prima parte della preghiera iniziale dice così: "E chi t'ara affascinate, u core l'ara abbunnatu, cu ru core e cura a mente e l'affascino u'nnè nente...". Dopo la preghiera iniziale, susseguono una serie di altre particolari preghiere, come ad esempio: "il Padre nostro", "l'Ave Maria", "Gloria al Padre"...ecc. Se durante la preghiera del "Padre nostro" la persona sbadiglia ancora, significa che l'affascino è stato provocato da un uomo. Se invece sbadiglia ancora durante la preghiera del "Ave Maria", significa che l'affascino è stato provocato da una donna. Se invece lo sbadigliamento avviene ancora nel momento del "gloria al padre", significa che l'affascino è stato provocato sia da un uomo che da una donna.

Finite tutta la serie di preghiere il soggetto non dovrebbe più sbadigliare. Secondo gli esperti, queste specifiche preghiere sono in pochi a conoscerle, ed è esclusivamente durante la "notte di natale" che, colui o colei che le conosce può insegnarle ad altre persone. Se costui riferisse queste preghiere ad un'altra persona, in un'altra data, perderebbe anch'egli il potere di guarigione.

2°) Una persona che ritiene di esserne capace conoscendone il segreto, versa un po' d'acqua in una piccola bacinella o in un bicchiere, nel centro di questo recipiente fa colare una sola goccia d'olio, se l'affascino esiste la goccia d'olio si espanderà, mentre se l'affascino non esiste la goccia d'olio rimarrà unita ed intatta. Nel caso che l'affascino sia stato constatato, per poterlo togliere dalla persona che ne è soggetta, necessita gettare quest'acqua con l'olio usato, nel centro dell'incrocio di una strada.

NB: Si dice che la prima persona che passerà sopra il bagnato di quest'acqua, (anche se si trova su una bicicletta, o una moto o tutti coloro che si trovano in una autovettura) riceveranno quell'affascino che è stato tolto. Vi sono comunque alcune persone che (come raccontano i più anziani) sono immuni all'affascino.

Molti teologi affermano che pur essendo conosciuta come un'antica superstizione cattolica tipicamente calabrese, l'affascino è uno dei tanti scherzi che viene provocato da un demonio che si compiace nel prendersi beffe delle persone. Questo fenomeno occulto, con piccole variazioni, è anche presente in altre religioni, tra cui: nella cristianità, nel buddismo, nell'induismo e in quasi tutte le 10.000 false religioni e sette indigene presenti nel mondo.

ALCUNE SPECIALITA' GASTRONOMICHE DEL CROTONESE

Da antiche e nobili origini, non sono poche le ricette culinarie che risalgono ai greci, romani ed ai latini, mentre altre sono state introdotte dagli antichi saraceni e dagli arabi in generale. La cucina crotonese alterna, in maniera del tutto equilibrata e omogenea, piatti marinari e di tradizione contadina.

Austera ma complessa, la gastronomia si riflette in un'arte ricca di ingredienti freschi, piccanti ed anche dolciarie, amalgamando ed utilizzando le materie prime dell'agricoltura locale e le varietà di primizie esotiche dell'ortofrutticola crotonese.

Le specialità dolciarie più rappresentative sono:
- i "Mostaccioli": (farina, miele, vino bianco e spezie);
- i "Compitti": (torroni morbidi di miele e mandorle);
- i "Sussumeddi": (biscotti mandorlati col miele);
- la "Pitta-nchiusa": (pizza dolce a due strati, con ripieno di noci, uvetta e vino cotto);
- il "Torrone gelato" che gelato non è: (un cilindro a base di frutta candita, mandorle, zucchero fondente e cioccolato);
- i "Cannariculi" e i "Tardiddi" (pasta all'uovo, fritti e addolciti con miele); i "Chinulille" (dolcetti di pasta, ripieni di ricotta, zucchero e tuorli d'uovo);
- i "Tortelli fritti" (composti di farina, uova, zucchero, ricotta, scorza di limone grattugiata, olio d'oliva e spolverati poi di zucchero a velo);

• il "Murseddu da matina" (carne mista di maiale e vitello a pezzettini, cotta nel vino rosso, pomodori e peperoncino, va servito come ripieno della pitta);
• il "Murseddu e sozizzi" (frattaglie di agnello o capretto a strisce, avvolti nelle budelline con prezzemolo, cucinati in bianco con olio, peperoncino e pomodoro, va servito su una ciambella di pane croccante).

Tardiddi

Taralli con la glassa

Mostaccioli

Cozzupe di pasqua

LA COSTA JONICA CROTONESE: TERRA DEL VINO BUONO

Una leggenda narra, che i Greci coniarono il termine Enotria "Terra del vino", un aggettivo qualificativo che fu poi riferito a tutta la penisola italica, ispirandosi comunque alla costa Ionica Calabrese. Il più conosciuto ed esportato tra i vini calabresi nasce nei Comuni di: Cirò, Cirò Marina, Melissa e Crucoli. Questo vino deve provenire per il 95% dall'uva che è denominata: Gaglioppo.

Un illustre produttore di vini cirotani tradizionali, ci propone una vecchia "regola aurea" per la migliore degustazione di questo nettare divino. Degustare un vino significa assaggiarlo in modo da riconoscerne tutte le caratteristiche organolettiche. E' un'operazione che coinvolge la vista, l'olfatto e il gusto e che è composta da tre fasi distinte.

L'occhio: Il vino versato in un bicchiere trasparente e privo di decorazioni, mentre lo si fa delicatamente ondeggiare va osservato bene per valutarne innanzitutto il colore, i riflessi con la luce, la trasparenza, la limpidezza e le macchie che tralascia nel bordo interno del bicchiere. Dei vini spumanti si giudicano anche le dimensioni, la durata e la velocità delle bollicine.

Il naso: l'esame olfattivo serve a misurare l'intensità del profumo, la sua durata, le qualità e gli aromi. Questi ultimi possono essere floreali, fruttati, di frutta secca, vegetali, speziati, balsamici, animali, legnosi e di lievito.

La bocca: il gusto del vino comunque, si valuta con la bocca che, oltre ai quattro sapori percepiti dalla lingua (dolce, salato, amaro e acido), fornisce sensazioni tattili. La somma di queste sensazioni, unita agli aromi che vengono percepiti per via retro-nasale quando il vino è in bocca, definiscono il "gusto" di un vino. I diversi parametri presi in considerazione sono la dolcezza, l'acidità, il corpo, l'armonia, l'intensità, la persistenza, l'alcol e l'armonia complessiva.

Ogni pietanza vuole il suo vino e ogni vino la sua pietanza

Oggi, questo motto, come anche nei tempi antichi, è la "pietra miliare" per una vita più sana e piena di soddisfazioni, se viene applicata durante i nostri pasti quotidiani. Solo così, infatti, aromi e sapori si esaltano traendo reciproco beneficio. L'abbinamento, cioè la scelta del vino adatto ad accompagnare un piatto, deve prendere in considerazione l'intero pranzo o cena.

Un buon pranzo o una buona cena dovrebbe essere composta primariamente da cibi delicati e leggeri, con aromi sottili, poi di media struttura, quindi da pietanze dall'aroma deciso, leggermente grasse, strutturate e vellutate, per poi concludersi con un dessert che può essere aromatico o coprente, dolce o meno dolce.

La stessa progressione, deve essere usata per i vini. Prima, si degusteranno vini bianchi giovani, freschi, tenui e aciduli, per proseguire con vini bianchi più strutturati, rosati o rossi giovani, di buona intensità e offrire poi rossi invecchiati di buon corpo, con sapori intensi, decisi e di notevole persistenza. Per concludere, il dessert verrà accompagnato da vini intensi, aromatici, amabili, abboccati o dolci.

Il vasto assortimento offerto dai vini e dallo spumante del cirotano arricchiscono le varietà di qualsiasi banchetto luculliano. Per ogni piatto, locale. nazionale, internazionale o sofisticato che sia, il vino di Cirò ha sempre dato prova d'essere negli anni di tutte le epoche e culture tradizionali, il vino per eccellenza, il preferito fra i preferiti da intenditori raffinati e buongustai.

CALABRIA TRA MARE E MONTI

Son essi i pianori alti e soleggianti della Sila, preziosa all'antico poeta, filosofo ed esploratore Virgilio Marone (70 a.C.)!? O sono i boschi profondi, i dirupi e le terrazze verdi ed imponenti dell'Aspromonte; le silenziose ed assolate marine del bel Ionio, un mare viola e gli scogli verdi di licheni di Scilla o sono le ampie spiagge della sabbia pulita della cirotana Punta Alice o di quelle bianche dorate di Tropea o di Capo Vaticano?

Poche regioni al mondo presentano una così grande varietà di aspetti e tanta ricchezza di paesaggi, quanti ne contiene in appena 15.000 Kmq. di territorio la Calabria. "Questa Terra rocciosa è un continente in sé", così la definiva lo scrittore, storico ed esploratore Guido Piovene (1907-1974). Un continente non solo geografico e paesaggistico, ma una Calabria con oltre 3000 anni di storia, quasi sempre dolorosa e violenta, segnata da invasioni e teatri di guerre che non la riguardavano. Le occupazioni avute da vari popoli, hanno lasciato nella cultura, nel folclore e nella stessa struttura etnica della regione tracce profondissime.

Una delle tante meraviglie della Calabria

I vari resti di templi greci e siti archeologici, esistenti sulla costa Ionica, ci fanno ritornare indietro nel tempo di millenni, nell'Odyssea dell'Olympo, durante i giochi olimpici originari che ricordano personaggi eroici, mitici e storici come Ercole, Polifemo, Ulisse e Circe.

Il paesaggio calabro somiglia molto ad alcuni scenari dei film hollywoodiani di Dino De Laurentis come: "I dieci Comandamenti", "Mosè", "la Bibbia" e "Ben-Hur", ma anche ai film di Sergio Leone con i suoi famosi "Western Spaghetti" quali: "Per un pugno di dollari", "L'armonica" e "Mezzogiorno di fuoco". Questa è la Calabria di Enzo Mirigliani, colui che da oltre 50 anni organizza "Miss Italia" il concorso di bellezza più famoso d'Italia. Questa è anche la terra di Mino Reitano, il simpatico cantante della musica leggera italiana.

La manifestazione della Calabria, si identifica anche nella bellezza sorprendente di una chiesetta bizantina, miracolosamente trasferita dall'Armenia o Siria a Rossano o Stilo, Nella purezza dei resti del tempio greco di Hera Lacinia a Crotone ed i Pinakes di Locri, le cattedrali, i castelli normanni, i palazzi barocchi e i bronzi di Riace.

La Calabria si fa riconoscere attraverso le parlate greche e quelle albanesi antiche, le provenzali delle decine di paesi alloglotti di Cosenza e Reggio. Le sete raffinate ed i preziosi damaschi di Catanzaro. Gli scialli tipici di Tiriolo. I tappeti inimitabili di Castrovillari e di San Giovanni in Fiore. Oltre la fauna e la flora con le sue inestimabili e particolari varietà, vi è la ricchezza di contrasti paesaggistici ed agricoli, che sono fra le immagini più genuine della Calabria.

Due sono i mari che abbracciano questo "Parco d'Italia" il Tirreno e lo Ionio, codeste acque quasi lo circondano e le distendono intorno ben 780 Km di coste caratterizzate da lunghe distese di sabbia, spiagge in gran parte solitarie, sfiorate dall'autostrada del sole e da superstrade.

L'evoluzione turistica in Calabria è per alcuni luoghi un discorso recente, anche se in pochi anni è riuscita a convogliare sulle sue marine, colline, laghi naturali, ruscelli d'acqua pura e sulle montagne dell'intera regione (e per tutte le stagioni dell'anno), milioni di villeggianti provenienti da ogni parte d'Italia e dall'estero. Ormai, comunque, la fase pioneristica in molti centri balneari e montanari è superata da tempo.

La Calabria dispone di migliaia di esercizi professionali alberghieri ed extra-alberghieri, centinaia di complessi turistici di portata internazionale, centinaia di camping, villaggi turistici ed aziende agrituristiche. Sia nell'entroterra come anche lungo le coste, tutte le infrastrutture sono praticamente raggiungibili con facilità ed ottimamente efficienti.

Anche le montagne, la superba Sila, il Pollino, le dolci Serre ed il selvaggio Aspromonte, sono ormai in grado di offrire al turista più esigente ogni confort richiesto e desiderato. La Calabria è una delle regione d'Italia con la massima varietà ambientale naturale e vegetale e con una deliziosa eno-gastronomia biologica; anche questo è un motivo di attrazione turistica che ha bisogno ancor più d'essere ampiamente sfruttata.

E' evidente che la Calabria è zelante nell'offrire al turista non solo spiagge belle e linde, un mare pulito e azzurro, montagne verdi e fresche, un artigianato pregiato e monumenti storici che testimoniano tante e tante civiltà, ma invita i suoi ospiti a scoprire un habitat socio-culturale, che ancora è rimasto ai margini del grande flusso umano che ogni estate si riversa sulle sue coste. La Calabria invita ognuno a far conoscere a fondo i suoi usi e costumi, i suoi odori ed i suoi colori.

Oltre l'incremento progressivo, nel creare passatempi e sani divertimenti turistici per tutte le età e ceto sociale, vi è un sapiente, disciplinato e costante impegno collettivo, ordinatamente organizzato dalle Autorità ufficiali competenti. Quest'Organo direttivo, ha come solo ed unico obiettivo, l'intento di far trascorrere a tutti i suoi ospiti e turisti una vacanza serena e riccamente produttiva, in una Calabria moderna e di sole, una terra promessa tropicalmente paradisiaca.

IL GIARDINO DELLA SILA

Nelle vicinanze di Cirò Marina, a solo 60 chilometri verso i monti ad ovest, si ravvede il parco nazionale naturale e montuoso della Sila, chiamato anche il "giardino d'Italia", "il Canada Italiano" o "la piccola Svizzera".

E' una bellezza paradisiaca di 16.000 ettari ed oltre, che scorre verdeggiante, estendendosi tra fitti e giganteschi alberi fra i quali il pino secolare, foreste impenetrabili, castagneti e laghi d'acqua pura e dissetante caricati da fonti fresche e di continue cascate e fiumiciattoli d'acqua trasparente.

Qui avviene l'unione di una virtù bio-energetica, come in un parco naturale, dove il clima variabile e mite, favorisce lo sviluppo della flora misteriosa e della vegetazione spontanea, come ad esempio le castagne, i mirtilli, gli introvabili funghi ed altri frutti e spezie selvatiche. La ricca fauna ancora selvaggia di animali pregiati, volatili rari ed esotici, di selvaggina come il cinghiale ed il lupo che è diventato il simbolo della Sila, per citarne alcuni. Con un continuo evolversi di sembianze stagionali, questa verde prateria, si trasforma annualmente, rinnovandosi come madre-natura in realtà l'ha voluta creare.

Questa è la visione di un paradiso, a poca distanza da Cirò Marina, un luogo ideale per un soggiorno naturale, dove le comodità per il turismo sono abbondanti ed anche lussuose. Un vero paesaggio da favola, con un clima piacevole, un'oasi dell'entroterra che si trasforma in un verde-fiorito d'estate ed un bianco-neve d'inverno.

THE GARDEN OF SILA

At the horizon line, 60 km. to the west of Cirò Marina, in the direction of the mountains, the "garden of Italy" can be seen, the Sila Park. This park is a 16,000 hectare paradise of giant pine forests, chestnut groves, limpid lakes, cool springs and clear brooks.

The favourable climate in "Eden" encourages the presence of a spontaneously thick vegetation, a rich variety of wildlife, rare birds, wild boar and wolf, the symbol of Sila. This paradise, bordering Cirò Marina, offers our visitors a green, flowery landscape in the summer, and a candid white snow scene during the winter.

The resident population of Cirò Marina doubles during the long, warm and sunny summer, making it one of the most popular areas along the Jonian coast.

Cirò also offers the warmth and hospitality of its large tourist, fishing and merchant (*class 4*) port, where the typical white and blue drag and lampara fishing boats are moored among the other boats.

The large capacity, superior facilities and convenient mooring offered by this modern tourist port, is inviting to all types of water crafts and adventurous sailors, in love with the mythical deep, clear sea of the Odyssey.

At Cirò Marina, heart of the Riviera of grapes, the ever-growing tourism industry joins other traditional activities: agriculture, whose biological criteria respects the environment, the fishing industry, which is regulated in order to avoid damage to the seafloor, as well as typical handicrafts and local art.

Again, this summer, all of us from Cirò and the surrounding areas, extend a warm and refreshing welcome to all of you who wish to visit our sunny land, Cirò Marina, a tourist haven which embraces each and every guest.

DA VISITARE OLTRE CIRO' MARINA

♦ Cirò: **Torre Castello Carafa.**
♦ Torre Melissa: **Antica Torre Aragonese di avvistamento.**
♦ Santa Severina: **Castello medioevale.**
♦ Strongoli mare: **Castello Fasana.**
♦ Crotone – Capocolonna: **Scavi archeologici.**
♦ San Giovanni in Fiore: **Abbazia di Gioacchino da fiore.**
♦ Capo Rizzuto: **Duomo.**
♦ Isola di Capo Rizzuto: **Colonna Dorica del Tempio di Era Lacinia.**
♦ Le Castella a Isola Capo Rizzuto: **Castello Aragonese sul mare.**

♦ Cutro: **Piazza degli Scacchi.**

♦ Verzino :**Grotte Carsiche.**

♦ Umbriatico: **Tombe di Annibale.**

Isola Capo Rizzuto: Castello Aragonese sul mare

RISPOSTE ALLE DOMANDE DEL QUIZ (delle pagine: 42 - 44)

1. Si e poi No. No e poi Si.
2. Ypsicron (Psicrò, Psigrò, Zigrò, Zirò).
3. Alaios.
4. Nino Terminelli.
5. Avvelenate.
6. Il Cirò.
7. Calendario.
8. Super Strada.
9. Padre Arcangelo.
10. Spiaggia.
11. Cannone.
12. Torre.
13. Campeggio Punta Alice.
14. Sale.
15. Lungomare Pugliese.
16. Acqua piovana.
17. Olimpiadi.
18. Giovan F. Sculco.

19. Strabone.
20. Mare.
21. San Cataldo.
22. Novemila Ducati d'oro.
23. Liotti.
24. La sabbia della Spiaggia.
25. Via Roma.
26. Arnoni.
27. Frasche.
28. Eucalipto.
29. Gaglioppo.
30. La Bandiera.
31. Sardella.
32. Luigi Siciliani.
33. Lemoncello.
34. Fiume Lipuda.
35. Punta Alice.
36. Saraceni.
37. Sabatini.
38. Rotondo.
39. Metano (gas).
40. Abitanti.
41. Ricci.
42. Albanese.
43. Crustoli.
44. Pignatari.
45. Torre Melissa.
46. C. A. P.
47. Gangale.
48. Enichem.
49. Semaforo.
50. Fortunato.
51. Conigli.
52. Palmieri.
53. Piazza Cremissa.
54. Malena.
55. Struzzi.
56. I Passaggi della ferrovia.
57. L'elettricità.
58. Parrilla.
59. Pozzi privati.
60. Il Cinema.
61. Venturino.
62. Conte.
63. Le Croci del Calvario.
64. N. Filippelli.
65. Campane.
66. Mari, Felix, Meroque.
67. Peperoncino.
68. Foulard.

69. Guido Leto Russo.
70. Santa Rita da Cascia.
71. I fratelli De Martino.
72. Blu.
73. A. Rosa Gattorno.
74. Aloisio.
75. Barbiere di Siviglia.

ALCUNE DELLE MIGLIORI AZIENDE DI CIRO' MARINA E DINTORNI

Qui di seguito sono elencate tutte le Aziende che gentilmente hanno sostenuto e collaborato
alla realizzazione e pubblicazione di questa "GUIDA TURISTICA DI CIRO' MARINA"

RISTORANTI E PIZZERIE

CIRO' MARINA

- **Ristorante Pizzeria: "BACCO DIVINO"** (Fam. Scilanga dal 1984) - Via Palmiro Togliatti, 75
Tel. 0962.31747 - Cell. 339.160 7211
- **Ristorante Pizzeria: "BAIA DE PUNTA"** - Località Punta Alice - Tel. 331.1558943
cataldomazzone@yahoo.it
- **Ristorante Pizzeria: "BELLA NAPOLI"** - (da Luca) - Piazzale Stazione - Tel. 340.6259776
- **Ristorante: "EDEN BEACH"** - Via Lungomare Torrenova - Tel. 392.3721397
- **Ristorante Pizzeria: "DONNA GERMANA"** – Via per Madonna di Mare - Contrada Cannarò –
Tel. 338.4721016   (333.6258960 - 339. 1022203?) - www.agriturismodonnagermana.com/
info@agriturismodonnagermana.it
- **Ristorante Pizzeria: "GARDEN BEACH"** (di Enzo Marrazzo) - Via Torrenova 9
(Lungomare Sud) Tel. 329.2951156 (Tel. 393.292951156)
- **Ristorante Pizzeria: "GROTTA AZZURRA"** - Via Mandorleto - Tel. 339.1538601
- **Ristorante Pizzeria: "HELIOS"** - (di Mario e Silvano Morrone) Località Piciara
Tel. 320.8435450 - Tel. 380 3649292
- **Ristorante: "IL GABBIANO"** - Via Punta Alice 2 - Tel. 0962.31338-39
http://www.gabbiano-hotel.it/ristorante.asp - info@gabbiano-hotel.it
- **Ristorante: "IL GAGLIOPPO"** - Via Stazione, 25 - Tel. 339.1607211
- **Ristorante Pizzeria: "IL GIARDINO CAFE'"** - Via Sottopalazzo
(Area Di Servizio Ippolito Petroli) - Tel. 0962.370052 - Cell. 331 725 7174
- **Ristorante: "IL SAPORE DELLA PASTA"** (di Sasso Rosina) - Via Francesco Cilea
Tel. 0962.371542
- **Ristorante Pizzeria: "LA CONCHIGLIA"** - Via Lungomare Stefano Pugliese, 1
Tel. 0962.373351 - Cell. 338.2134809 - http://la-conchiglia.wixsite.com/laconchiglia
- **Ristorante: "LA LOCANDA"** - Via Vittorio Emanuele, 78 - Tel. 339.3890171
- **Ristorante Pizzeria: "L'APPETITOSA DI MAX"** - Via Lungomare Stefano Pugliese, 79
(Massimiliano, Sposato con Maria Stancato di cui padre è Gianni l'ex fotografo)
- **Ristorante Pizzeria: "LA SIRENA"** (di Palmieri Franco) - Via Lungomare - Tel. 0962.31949
- **Ristorante Pizzeria: "LIDO GEMELLI"** - Via Lungomare S. Pugliese, 6 (sud) -
- **Ristorante: "LINKS LOUNGE BAR & TIPYCAL BISTRO"** - Area portuale
Tel. 334.1879662
- **Ristorante Pizzeria: "MAX"** (Trattoria Enoteca) - Via Pola (difronte al Teatro Alikia)
Tel. 0962.373009 - http://www.trattoriamax.it/ - info@trattoriamax.it
- **Ristorante: "MAXIM"** - Via Lungomare Stefano Pugliese - Tel. 327.5897461
- **Ristorante: "MALIBU"** - Via Torrenova - Tel. 339.4570282 -
- **Ristorante Pizzeria: "METROPIZZA"** (di Tony Palmieri - Aperto solo luglio e Agosto)
Via Punta alice (di fronte il Gabbiano) - Tel. 331.9559129
- **Ristorante Pizzeria: "MIRAMARE (**Hotel - di Mingrone Nicodemo) Via Lungomare
Tel. 0962 36539

- **Ristorante Pizzeria: "PEPPERONCINO'S"** - Via Einstein - Tel. 327.9426297
- **Ristorante Pizzeria: "PIK PAK"** - Via Torrenova, 14 - Tel. 0962-35166/31888
- **Ristorante Pizzeria: "PORCA VACCA"** (Steakhouse) - Via Torrenova, 1 - Tel. 392/0448523
- **Ristorante: "POSEIDON"** (Lido) - Localita Punta Alice - Tel. 346.2481404
- **Ristorante Pizzeria: "RANCH"** - Via Torrenova (Lungomare Sud) - Tel. 331 476 6498
Tel. 3921116699 - hotelranch2016@gmail.com
- **Ristorante: "SAPORI DI MARE"** (di Ruggero Giovanni & C) - Via Lungomare
Tel. 0962.36621
- **Ristorante: "SASÀ IL PESCATORE"** - Via Lungomare Stefano Pugliese, 56
Tel. 348.7622299 - Tel. 339.5858796 (chiuso da novembre a marzo)
- **Ristorante Pizzeria: "SOLEADO"** - Via Torrenova, 1 - Tel. 0962.31533
- **Ristorante: "SOTTOSOPRA"** (Mexican Saloon) - Via Scalaretto - Tel. 380.4765727
- **Ristorante Pizzeria: "TRABAJADORES"** - Via Lungomare S. Pugliese - Tel. 0962.36621
- **Ristorante Pizzeria: "TURRIAZZO"** - Via Torrenova (Lungomare sud) - Tel. 338.3319611
- **Ristorante Pizzeria: "VILLAGE SANTA CHIARA"** - Località Punta Alice
- **Ristorante: "KALHUA"** - Via Torrenova, 1 - Tel. +39 349 585 0824
- **Ristorante: "WHITE BEACH"** - Via Torrenova - (+39) 333.7070265 - (+39) 331.4719100
(+39) 0962.370452 - http://www.white-beach.it/ - Info@White-beach.it

- **Pizza a taglio: "AL CAPRICCIO"** - Via Roma, 55- Tel. 0962.371467
- **Pizza a taglio: "GOLD PIZZA"** - Via Kennedy - Tel. 329.1153772
- **Pizza a taglio: "PEPITO'S"** - Via Vittorio Emanuele - Tel. 328 268 1421
- **Negozio di alimentari tradizionali: "A CASALURA"** - Via Roma, 186 - Tel. 340.8617774

CIRO'

- **Ristorante: "CATENA"** (Agriturismo) - Contrada Madonna della Catena - Tel. 0962.32690
- **Ristorante: "L'AQUILA D'ORO"** - Via Sant'Elia, 7 - Tel. 0962.38550

HOTEL, CAMPEGGI E BED & BREAKFAST NEL CIROTANO

CIRO' MARINA

- **Hotel: "ATENA"** *** Piazza Kennedy (Municipio - Centro Città) - Tel. 0962.31821
Cell. 39 327 3670082 - www.hotelatena.it - info@hotelatena.it
- **Hotel: "IL GABBIANO"** **** Via Punta Alice, 2 (lungomare Nord) Telefax. 0962.31338/39
Fax: 0962.31330 - www.gabbiano-hotel.it - info@gabbiano-hotel.it - gabbiano-hotel@pec.it
- **Hotel: "MIRAMARE"** *** Via Lungomare S. Pugliese, 146 (nord) - Tel. 0962-36539 Fax.
0962.379449 - Cell. 345 3155 148 - www.hotelmiramarecalabria.it - info@hotelmiramarecalabria.it
- **Hotel: "RANCH"** ** Via Torrenova (Lungomare Sud) - Tel. 331 476 6498 -
hotelranch2016@gmail.com

- **Hotel: "BORGO SAVERONA"** - Contrada Saverona - Tel (+39) 0962.370201
Cell. (+39) 345.2167437 - http://www.borgosaverona.com/ - info@borgosaverona.com

- **Campeggio: "PUNTA ALICE"** (Piscina – Spiaggia Privata) Via Punta Alice – Tel. 0962.31160
Cell: (+39) 349.4169417 - Fax:(+39) 0962.373823 - Email: info@puntalice.it - www.puntalice.it

- **Campeggio: "TORRENOVA"** (Spiaggia Privata) Via Torrenova - Tel/Fax 0962/31482
villaggiotorrenova@libero.it - http://www.villaggiotorrenova.it/

- **Villaggio: "VOLVITO"** - Loc. Volvito S.S.-106 - Tel. 0962 371347 - 31086 - Fax 0962 373257
info@villaggiovolvito.it - http://www.villaggiovolvito.it/

- **Bed & Breakfast: "VILLA GIULIA"** - Via Gian Battista Vico, 1 - Tel. 0962.35642
Cell. 340 687 6558 - www.casevacanzedefranco.it - casevacanzedefranco@gmail.com

- **Bed & Breakfast: "SUFFEUDO"** - Tenuta Pozzello – Tel. 0962.31213
Cell. +39 339.7399983 / +39 393.9209302 – info@suffeudo.it - www.suffeudo.it

- **Bed & Breakfast: "SAVERONA"** – Contrada Saverona – Tel. 0962.370201
Cell +39 345 2167437 - www.borgosaverona.com - info@borgosaverona.com

- **Bed & Breakfast: "BACCO BRISEUM"** – C.da Difesa Piana, 33 – Tel. 0962.1900498

- **Bed & Breakfast: "DONNA GERMANA"** - Azienda Agricola – Via per Madonna di Mare -
Contrada Cannarò – Tel. 339 102 2203 -www.agriturismodonnagermana.com/
info@agriturismodonnagermana.it

- **Bed & Breakfast: "LA SCOGLIERA"** – Via Lungomare, S. Pugliese, 104 – Tel.0962.31872

- **Bed and Breakfast: "AL SETTIMO CIELO"** - Via Roma Vico 1 - Cirò Marina (KR)
Tel. 327.1768901 - http://www.bedandbreakfastalsettimocielo.it/
inf@bedandbreakfastalsettimocielo.it

- **Bed and Breakfast: "MATINÉE"** - Via Palmiro Togliatti - Tel. 096235854 - Cell. 3206114983

- **Bed and breakfast: "PANORAMA"** - Via Nazionale - Tel. 0962.371061
Cell. 339.3297005 (328.3055728) - http://www.bbpanorama.it/ - tacos@live.it

- **Casa Vacanza: "PALAZZO SCAVUZZO"** - Via G. Battista, vico 12 - Cirò Marina (KR)
Tel.: (+39) 0962.35216 - Cell.: 329.4260481 - www.palazzoscavuzzo.it/ - info@palazzoscavuzzo.it

- **Casa Vacanza: "LA BAIA DEL MARE"** - Via Torrenova - Tel. 0962.36523 - 0962.36426
Cell. 338.4064513 - http://www.labaiadelmare.it/

- **Case Vacanze: "TORRENOVA"** - Via Torrenova - Tel. 0962.370067
Cell. 335.166.0008 – 349.3268.232 (Tel. 327.362.0991)
http://www.casevacanzetorrenova.it/ - email@casevacanzetorrenova.it

- **Case Vacanze: "IL GATTOPARDO"** - Via Catania, 14 - Tel. 0962 35026

CIRO'

- **Hotel "CLUB COSTA ELISABETH"** *** S.S.-106, Km. 291 (sul Mare) Tel. 0962.32963
Fax 0962/32961 Cell.3491025120 - http://www.costaelisabeth.it/ - info@costaelisabeth.it

- **Agriturismo: "CATENA"** - Ristorante – Pizzeria - Appartamenti e Stanze -
Contrada Madonna della Catena – (Cirò) (KR) - Tel.(+39) 0962.32690 - cell. (+39) 338 5356025
http://www.agriturismocatena.it/ - info@agriturismocatena.it

- **Bed & Breakfast: "VILLA LILIUM"** - Contrada Cappella - Cell. 339 169 8818

- **Grand Hotel: "BALESTRIERI" ****** - (sul Mare) Via Litorale Sud - Tel. 0962 865378 Cell. +39 327 5881223 http://www.grandhotelbalestrieri.com/ - info@grandhotelbalestrieri.com booking@grandhotelbalestrieri.com
- **Hotel "NAPOLEON" ****** Piazza Fragalà - SS 106 - Tel. 0962 865815 - Fax (+39) 0962 865815 http://www.napoleonhotelonline.com/ - info@napoleonhotelonline.com
- **Hotel "DOLCE STELLA" ***** Via Pontino 14 - Tel/Fax 0962.865112 http://www.hoteldolcestella.it/ - info@hoteldolcestella.it
- **Hotel "MELISSA" ***** (sul Mare) Via Pontino, 18 - Tel/Fax 0962.865569/70 http://www.hotelmelissa.com/ - info@hotelmelissa.com
- **Hotel "LA ROTONDA" **** Via Pontino (sul Mare) Tel. 0962.865315/865461 - Cell. 329 865 2040 info@hotellarotonda.it
- **Bed and breakfast: "ISABELLA"** - C.da Valle di casa - 88814 (Kr) - Tel. 339.8149650 (Cell. 339.8149650) - http://www.bedandbreakfastisabella.it/ - isa.ammirati@libero.it
- **Bed and breakfast: "CONCORDIA"** - Via Luigi Longo, 5 - Tel. 328 3137416 - Cell. 333 2890431 http://www.bbconcordia.it/ - info@bbconcordia.it
- **Residence "LA COCCINELLA"** (appartamenti) Via Nazionale - Te/Fax 0962.865037 - 339.7264178 http://www.residencecoccinella.it/ - residencecoccinella@alice.it

- **Hotel: "POLLO D'ORO" **** Corso Garibaldi, 89 - Tel. 0962-34005 - 389 539 2594
- **Resort: "NIKA"** - Contrada Piana di Roncio, SP1 - Cell. +39 328.8138575 - +39 0962.34593 http://www.pistanikainternazionale.com/ - resort@pistanikainternazionale.com
- **Resort: "BORGESE"** - Via Provinciale 36 - Località Ciuranà - Tel. 0962 34419 danila.da@hotmail.it

CASE VINICOLE

CIRÒ MARINA

- **ALOISIO**: (vino e spumante) Via Stazione, 20 - Tel. (+39) 0962.31032
- **ARCURI SERGIO**: Via Roma Vico III, 3 - Tel. e Fax (+39) 0962.31723
Cell. (+39) 328.0250255 - www.vinicirosergioarcuri.it - info@vinicirosergioarcuri.it
- **'A VITA:** Strada Statale 106 Km 279,8 - Cell. (+39) 329.0732473 – Cell. . (+39) 333 5259647
avita.info@gmail.com - PEC: avita@pec.avitavini.it
- **CALABRETTA CATALDO**: (Az. Agr. Amigdala) Via Mandorleto, 47
Tel/Fax (+39) 0962.31986 - http://www.cataldocalabretta.it/ - info@cataldocalabretta.it
- **CANTINE DE MARE**: Via Fondo Saffo - Cell. (+39) 3772802622
http://www.cantinedemare.it/ - info@cantinedemare.it
- **CAPARRA & SICILIANI**: Bivio Strada Statale 106 - Tel. (+39) 0962.373319
Fax (+39) 0962.379000 - http://www.caparraesiciliani.com/ - info@caparraesiciliani.it
PEC caparraesiciliani@pec.it
- **COLLI CAPOANO**: (di Gianluca Capoano) - Via Busento - Tel/Fax (+39) 0962.373664
info@collicapoano.it
- **COTE DI FRANZE**: Località: Piana di Franze - Cell. (+39) 392.6911606
Cell. (+39) 348.5614031 - http://www.cotedifranze.it/ - info@cotedifranze.it
- **DELL'AQUILA** (di Salvatore dell'Aquila): Via Salvogaro - Tel. (+39) 329.7420323
http://www.vinidellaquila.it/ - vinidellaquila@libero.it - dassunta@libero.it
- **DU CROPIO** (di Ippolito Giuseppe): Via Sele, 5 - Tel. (+39) 0962.31322
Cell. (+39) 347.5744934 - http://www.viniducropio.it/ - ducropiovinery@gmail.com
- **ENOTRIA**: - Loc. S. Gennaro – Strada Statale 106 - Tel. (+39) 0962.371181
Fax (+39) 0962.370327 - http://www.cantinaenotria.com/ - cantinaenotria@infinito.it
- **ESPOSITO**: Contrada Ceramidio (S.p9) - Cell. (+39) 329 133 6214   Cell. (+39) 388 36 54 757
http://www.espositovini.it/ - espositovini@gmail.com - **Enoteca**: Via Lungo Mare (nord)
- **IL MANDORLETO**: Via Mandorleto, 35 – Tel/Fax. (+39) 0962.35094 – Cell. (+39) 338
2042296 - Cell. (+39) 329 3552756 - http://www.mandorleto.com/ - info@mandorleto.it
- **IPPOLITO** (di Vincenzo Ippolito): Via Tirone, 118 – Tel. (+39) 0962.31106
Fax (+39) 0962.31107 - www.ippolito1845.it - ippolito1845@ippolito1845.it
- **LIBRANDI** (di Antonio C. & Nicodemo): Strada Statale 106 (Loc. S. Gennaro) - Tel. (+39)
0962.31518 - Fax 0962.370542 - www.librandi.it/ - librandi@librandi.it - d.abenante@librandi.it
- **LUCÀ GIUSEPPE** (di Raffaele Lucà): Via Perugia, 14 - Tel. (+39) 0962.31239
Fax (+39) 0962.370534 - http://giuseppelucavini.it/ - lucaraff@libero.it
- **LUCÀ UMBERTO** (di Salvatore Lucà): Via Perugia - Tel. (+39) 0962.35096
Fax (+39) 0962.1870159 - amministrazione@cantinalucaciro.it
- **MALENA FRANCESCO**: Strada Statale 106 - Loc. Petraro - Tel. (+39) 0962.31758
Fax (+39) 0962.371485 - http://www.malena.it/ - info@malena.it - export@malena.it
- **MANGONE** (di Vincenzo Mangone): Via Mandorleto – Tel. (+39) 0962.36421
- **MARINELLO NICODEMO**: Via Lilio L. – Tel/Fax (+39) 0962.35698 - Cell. +39096236421
marinellonicodemo@libero.it
- **PARRILLA**: Via Cesare Battisti, 85 – Tel/Fax (+39) 0962.31927   - Cell. 335 7649197
Cell. 338 2408189 - www.parrillavini.it - info@parrillavini.it
- **PORTI FRANCESCO**: Viale stazione Tel. (+39) 0962.31005
- **SCALA (di Luigi e Francesco)**: Via Evangelista Torricelli, 12 (Località Torricella di San Biagio)
Tel/Fax: (+39) 0962.32716
http://www.cantinascala.it/ - info@cantinascala.it   Cell. 366 1857401

- **SENATORE VINI** (di Salvatore Natalino Senatore): Via Casale Manica – Tel/Fax (+39) 0962.32350 - Cell. (+39) 334.6603740 - www.senatorevini.com - info@senatorevini.com
- **SICILIANI**: Via Stazione, 25 – Tel/Fax (+39) 0962.31005 - www.cantinesiciliani.it cantinesiciliani@cantinesiciliani.it - cantinesiciliani@gmail.com
- **TENUTA DEI BARONI CAPOANO** (di Massimiliano Capoano): Contrada Ceramidio Tel/Fax +39 0962.35801 - info@capoano.it - ordini@capoano.it - amministrazione@capoano.it
- **TENUTA DEL CONTE** (di Francesco Parrilla): Via Tirone, 131 – Tel/Fax (+39) 0962.36239 www.tenutadelconte.it - nfo@tenutadelconte.it
- **TENUTA IUZZOLINI**: Via Sottopalazzo, 48 Località Frassa – Tel. (+39) 0962.373893 Fax (+39) 0962.379152 - www.tenutaiuzzolini.it - info@tenutaiuzzolini.it
- **VULCANO**: Via Indipendenza, 11 - Tel/Fax (+39) 0962.35381 http://www.vulcanowine.com/ - contatti@cantinevulcano.it
- **ZITO V. & F** (di Valentino & F.lli): Via Scalaretto - Tel. (+39) 0962.31853 Fax (+39) 0962.379096 https://www.zito.it - info@zito.it - PEC: cantinezito@pec.it (Enoteca) Via Roma Tel. (+39) 0962.31659

CIRO'

- **CRAPISTO**: Via Campanella – Tel/Fax (+39) 0962.32454 Cell. (+39) 333 798 8912 http://www.vinicrapisto.it/
- **FATTORIA SAN FRANCESCO**: SP (ex Strada Statale 106) - loc. Quattromani – Tel. (+39) 0962-32228 - Fax: (+39) 0962.32987 - http://www.fattoriasanfrancesco.it/ info@fattoriasanfrancesco.it
- **SCALA (di Luigi e Francesco)**: Contrada Cappella - Tel/Fax (+39) 0962.32716
- CAV. **MALENA ANTONIO** (Malena Group): Località Sant'Anastasia S.p9 Km.5 - Tel. (+39) 1876581 - Fax (+39) 0962.1870382 - http://www.malenavini.com/ - info@malenavini.com

TORRETTA DI CRUCOLI

- **BOTTEGA DEL VINO**: Corso Garibaldi, 58 - Tel. (+39) 333.4135843
- **LINARDI**: Via Nazionale - Crucoli Torretta (Strada Statale 106) Tel. (+39) 0962.34094

TORRE MELISSA

- **MAURO**: Via Aldo Moro 39 - Torre Melissa Tel. (+39) 0962.865331 Cell. (+39) 349.063.5019
- **CANTINE RIUNITE DEL CIRO' E MELISSA**: Strada Statale 106 - Tel. (+39) 0962 865857 www.cantineciromelissa.it - contatti@cantineciromelissa.it

MELISSA

- **DE LUCA VINCENZO**: Via S. Caterina, 3 - Tel/Fax. (+39) 0962.835803 http://www.cantinedeluca.com/ - info@cantinedeluca.com - PEC: cantinedelucavincenzo@pec.it

▪ **CAV. GARRUBBA GIUSEPPE:** Località Vota del Sordillo – Frazione Umbra (Domicilio: Via M. Alicata, 15) - Tel. (+39) 0962 1905384 - Fax (+39) 0962 835079
http://www.cantinagarrubba.it/ - info@cantinagarrubba.it - patriziagarrubba@libero.it

MARINA DI STRONGOLI

▪ **DATTILO** (di Roberto Ceraudo) C.da Dattilo - Marina di Strongoli Tel/fax (+39) 0962.865613

STRONGOLI

▪ **LA PIZZUTA DEL PRINCIPE (di Ranieri Clara)** - Loc. La Pizzuta - 88816 Strongoli (KR)
Tel. (+39) 0962.88252 - Fax (+39) 0962.88252 - Cell. (+39) 348.2260328 - www.lapizzutadelprincipe.it
info@lapizzutadelprincipe.it

VINO e/o OLIO BIOLOGICO CON GARANZIA

▪ **SANTA VENERE:** Tenuta Volta Grande   - Strada Provinciale 4) Cirò (KR)
Tel. & Fax (+39) 0962.38519 - www.santavenere.com - info@santavenere.com

▪ **DE LUCA VINCENZO** - Via Pio la Torre - Melissa Tel. (+39) 0962.835803
Fax (+39) 0962.835042

▪ **BIOLOGICA RUSSO E LONGO:** Località Serpito - 88816 Strongoli (KR)
Tel. (+39) 0962 1905782 - Fax (+39) 0962 1905781 - Cell. (+39) 338.1516184
www.russoelongo.it   - info@russoelongo.it

NOTA INFORMATIVA

- E' assolutamente vietata la riproduzione, in qualsiasi forma, totale e parziale e l'utilizzo commerciale o sociale di tutti i testi, disegni e foto riprodotti in questa rivista.
- La redazione procederà comunque a norma di Legge contro chiunque si servirà di questo materiale stampato per scopi illeciti o di disturbo.
- Tutela relativa ai dati personali degli elencati, sono protetti ai sensi della Legge N° 675 del 31-12-1996.
- Il produttore o chi per Lui non si assume alcuna responsabilità e neanche terzi può appellarsi ad essa o a chi per esso per eventuali errori di stampa o inesattezze di dati e informazioni nella composizione realizzata e qualità grafica, iconica, letteraria del testo contenuto e prodotto o dal materiale omesso o emesso.
- L'espressione "cirotani", menzionata nei contenuti scritti, si riferisce all'etnologia di tutti coloro che discendono originalmente e vivono permanentemente a Cirò ed entro il circondario di Cirò.
- Il produttore ringrazia calorosamente tutti coloro che direttamente e indirettamente hanno sostenuto e collaborato alla realizzazione, redazione, pubblicità, stampa e divulgazione di questa rivista.
- La presente opera non sostiene e non appartiene a nessun partito, gruppo, ente o società di carattere politico, religioso, etnico o altro tipo o genere.

Questo libro non rappresenta una testata giornalistica in quanto viene aggiornato senza alcuna periodicità. Non può pertanto considerarsi un prodotto editoriale. Alcune foto e immagini inserite in questo libro sono tratti in parte da Internet; qualora la loro pubblicazione violasse eventuali diritti d'autore, vogliate comunicarlo a sergiofelleti@gmail.com e saranno subito rimossi.

BIBLIOGRAFIA & DIDASCALIE
Fotografie, iconografie e fonti di testi e illustrazioni di chi custodisce i soggetti pubblicizzati

L'Autore ringrazia vivamente la disponibilità ottenuta da Autori, Editori, Grafici e Fotografi nella ricerca, supporto e gentile concessione della delibera ricevuta, di diritti iconografici e letterari ottenuti a prestito/uso attraverso basilari edizioni, pubblicazioni, stampe propagandistiche, opuscoli pubblicitari, elenchi, fotografie e cataloghi di informazione turistica, culturale, sociale e altro materiale didattico.

Questa cooperazione di colleganza ha portato a sublimare l'obiettivo dell'Autore attraverso la comunicazione per immagini e testi, pervenendo a risultati di notevole efficacia, a favore del comune interesse di tutti sull'incremento promozionale del turismo calabrese ed Italiano.

L'autore si dichiara pienamente disponibile ed in particolare verso gli aventi diritto a qualsiasi titolo, per opere letterarie, iconografiche, fotografiche o lessicografiche qui pubblicizzate, ma non potuti previamente ed in nessun modo possibile e ripetutamente reperirne gli Editori, Autori, o Fotografi.

FONTI DI RIFERIMENTO, FOTO, ILLUSTRAZIONI & COLLABORATORI

Augurandoci di non aver commesso errori di attribuzione e di non aver omesso, contro la nostra volontà, qualche indicazione di fonte; l'Autore ringrazia ed elenca tutti coloro che direttamente ed indirettamente hanno contribuito o concesso la propria collaborazione:

Fotografie: Foto-Amato. Foto-Gianni. G. Pecora. Enzo Mortale-Cz. Lucia Cesare-Cz. Salvatore Anastasio. A. Picone, Puccio e Renda. Geom. Leonardo Marinello. Dott. Flavio Mingrone. Secom: Cirol On-line. Gran parte del repertorio fotografico è stato offerto da: Carelli - Studio Arte fotografica - Cirò Marina (KR)

Opere letterarie, foto e illustrazioni:
• Giuseppe Rovito: "Lo sviluppo di Cirò Marina.".

• Editore: ColorCart, Critelli Giuseppina-Cz.
• Editore: Obiettivo Azzurro-Gianpiero Rocco – Roseto-Capo Spulico-Cs.
• Editore: Pama Graphicolor-Rimini.
• Editore: De Agostini-Novara. Editore: Cusato-Kr. Editore: Pagina Gialle & Bianche-To.
• Editore: Pagine Utili-Mi.
• Editore: Pagine Blu-MI.
• Editore: Il Crotonese-Kr. A.p.t.-Crotone.
• Proloco-Cirò Marina.
• Studio Alaios di Elio Malena & Luigi Parrilla.
• Museo Civico di Cirò Marina.
• Tipografia: Eliotip-Cirò Marina.
• Istituto Italiano Edizioni Atlas: "Calabria".
• Antonino Terminelli-Eliotip: "Storia di Cirò Marina".
• Studio Vinci-Kr.
• Grafiche: Filò di F. Scarola.
• Arti Grafiche: Stella del Mare.
• Rubbettino editore: "Cirò e Cirò Marina" di Fulvio Mazza, F. Antonio Lucifero, Antonella Cosentino, Fausto Cozzetto e Edmondo Infantino.
• Apt Kr. & Delia Advertising & Grafiche Cusato: "Crotone una Provincia nuova tra miti e realtà".
• Adriana Capoano "Una Città che nasce".
• Editrice Graficart Crotone: "La Provincia di Crotone".
• Grafiche: ConGrafic-Crotone.
• De Agostini: "Calabria Atlas turistica".
• Abramo Edizioni: "Turismo in Calabria".
• De Agostini: "Tourist guide Calabria".
• A.C.I. Automobile Club d'Italia.
• Egidio Mezzi: "Cirò Dotta".
• Editore F. Di Mauro: "La Calabria a tavola".
• Assessorati Sport Turismo e Spettacolo dei Comuni menzionati.
• Le Amministrazioni dei Comuni menzionati.
• Le Aziende, Ditte, Negozi, Bar, Ristoranti, Hotel, Campeggi, Villaggi, Enti, Società e tutti coloro che sono stati menzionati attraverso testi o fotografie.

1*) Bibliografia e riferimenti sull'articolo: Giuseppe Gangale: Oltre la composizione di innumerevoli scritti, stampati, manoscritti, riviste, pubblicazioni ed inserti giornalistici, le opere maggiori e più significative di Giuseppe Gangale furono più di 30 opere letterarie. Oltre che in varie pubblicazioni minori e testimonianze oculari, il riassunto citato è stato prelevato da altre 10 fonti bibliografiche:

(1948) Scheurmejer: "Perizia sul lavoro di Gangale per la salvaguardia della lingua romancia" – Coira - Svizzera.
(1955) Bauer: "Wo steht Ratoromanische heute?" - Berna - Svizzera.
(1971) Ribet: "Tesi di licenza su Giuseppe Gangale, Facoltà Teologica Valdese" – Roma - Italia.
(1978) Gambarara: "Giuseppe Gangale, in rivista Italiana di Dialettologia" – Genova – Italia.
(1978) Ferraro: "Bibliografia di G. Gangale", in Katundiyne – Civita – Italia.
(1981) Sanfilippo: "Giuseppe Gangale, araldo del nuovo Protestantesimo italiano" – Genova- Italia.
(1986) Iannino: "Personalità, linguismo e antifascismo di Gangale" Calabria – Italia.
(1986) Sanfilippo: " Le poesie di Giuseppe Gangale" Chiavari - Italia.
(1986) Uffer: "Giuseppe Gangale, Ein Leben in Dienste der Minderheiten" – Coira - Svizzera.
(1992) Cirò Dotta "Figli Illustri di Cirò Marina" di Egidio Mezzi – Catanzaro - Italia.

2*) Scritto con l'approvazione ecclesiastica. Per le relazioni di grazie ricevute rivolgersi a: Postulazione Figlie di sant'Anna - Via Merulana, 177 - 00185 Roma.

Hotel Costa Elisabeth - SS 106 - Torretta di Crucoli

AUTORI, REDATTORI, COORDINATORI, COLLABORATORI & CONSULENTI

Sergio Felleti, con la gentile collaborazione della giornalista Patrizia Siciliani, il prezioso contributo del Prof. Egidio Mezzi, Mons. Don Nicodemo Terminelli, lo storico Elio Malena, il sostegno del Prof. Nicodemo Filippelli, Prof. Francesco Anania ed il Prof. Luigi Ruggiero.

L'Amministrazione Comunale di Cirò Marina, la Giunta Comunale di Cirò Marina e le più grandi Aziende della zona hanno contribuito alla realizzazione di questa rivista, cooperando con il fermo proposito di presentare e di offrire con grande stima ed onore questo repertorio di opera lessicografica dal titolo: "CIRO' MARINA – GUIDA TURISTICA".

Possa questa opera divenire per ognuno, una composizione di informazioni locali di utilità pratica, un aiuto orientativo per i suoi stessi abitanti, aziende, ospiti e turisti, usandola come una rassegna informativa, creata con l'intento di contribuire a favore della struttura sociale e dell'incremento turistico, per il prezioso benessere del nostro "Paese del mar pulito" e della nostra verdeggiante "Riviera del buon vino".

www.ingramcontent.com/pod-product-compliance
Lightning Source LLC
Chambersburg PA
CBHW081617250726
48657CB00009B/2600

9 781791 658656